NFL
Puzzle Book

WORD SEARCH PUZZLES
MISSING VOWELS
WORD SCRAMBLES
TRIVIA QUESTIONS

D1384704

Table of Contents

Introduction

If there's anything that's just as American as the American Flag, it is the National Football League (NFL). The NFL is one of the biggest sports leagues in North America, if not the biggest with it being the wealthiest sports league and having the most valuable teams. Due to its merge with the American Football League (AFL), a single-elimination tournament called the Super Bowl was created to determine the champion between the two conferences that was also a result of the merger. Now, you can challenge your NFL knowledge with our book. With exciting puzzles such as Word Search and intriguing trivia, our book is as entertaining as it is educational in a way that you will be quite a NFL pro after you finish it, if you think you can.

Rules

Word Search
Your objective is to highlight or circle the hidden words in the grid above and cross them off the bottom list. The alphabetic order of the words is forward or backward and the words themselves are arranged either vertically, horizontally or even diagonally. Words can also overlap and share letters.

Missing Vowels
The words in the puzzles below are missing vowels. Fill them correctly and learn more about your favorite sports heroes.

Word Scrambles
The letters of the words in the puzzles below are not in order. Your objective is to re-arrange them correctly.

Trivia Questions
If the puzzles above are not challenging enough for you, these 50 trivia questions will be. Think you can answer all of them perfectly?

Word Search Puzzles

Puzzle 1: Can you name the current head coaches of clubs from the American Football Conference (AFC)?

```
I  R  P  R  Z  A  C  T  A  Y  L  O  R  E  C  M  H  T  V  P  D
O  I  B  N  X  A  F  U  O  K  L  R  F  I  G  K  J  B  H  G  F
S  M  I  S  A  X  I  A  U  M  W  X  R  D  M  L  F  V  U  D  L
E  X  L  L  G  H  E  N  O  I  Z  N  A  Z  S  M  M  T  K  G  L
A  A  L  W  M  G  C  T  S  K  L  R  N  H  J  A  Z  O  T  O  Q
N  D  O  E  W  C  K  H  B  E  C  U  K  V  U  H  Q  W  M  W  N
M  A  '  Z  H  K  M  O  Q  V  S  D  R  N  G  Z  I  E  I  U  P
C  M  B  K  B  Y  G  N  H  R  S  Q  E  L  F  S  M  X  K  V  B
D  G  R  J  M  H  D  Y  A  A  N  Y  I  A  Z  A  S  H  E  Y  I
E  A  I  O  W  Y  T  L  V  B  L  H  C  G  K  W  J  I  T  O  L
R  S  E  Y  R  O  S  Y  U  E  G  E  H  R  B  N  O  E  O  C  L
M  E  N  M  O  V  E  N  K  L  K  Z  J  D  R  G  H  N  M  P  B
O  P  I  V  N  Q  X  N  D  K  B  R  J  R  I  T  N  Y  L  R  E
T  D  O  U  G  M  A  R  R  O  N  E  T  B  A  E  H  B  I  P  L
T  J  O  N  G  R  U  D  E  N  F  X  G  F  N  I  A  N  N  J  I
T  E  I  S  I  C  E  R  C  R  A  X  E  R  F  A  R  Y  Q  Z  C
U  O  V  I  C  F  A  N  G  I  O  H  L  E  L  K  B  H  D  H  H
F  S  M  A  D  O  S  L  S  Y  B  K  N  P  O  C  A  R  V  F  I
E  J  U  G  M  W  A  N  D  Y  R  E  I  D  R  R  U  F  T  X  C
Q  H  F  N  I  L  V  U  B  T  D  X  T  E  E  P  G  G  Z  K  K
K  E  V  I  N  S  T  E  F  A  N  S  K  I  S  X  H  I  W  V  R
```

Sean McDermott	Bill O'Brien
Brian Flores	Frank Reich
Bill Belichick	Doug Marrone
Adam Gase	Mike Vrabel
John Harbaugh	Vic Fangio
Zac Taylor	Andy Reid
Kevin Stefanski	Jon Gruden
Mike Tomlin	Anthony Lynn

Puzzle 2: Can you name the current head coaches of the clubs from the National Football Conference (NFC)?

```
I  T  V  D  C  Z  Y  P  U  H  S  S  F  M  A  M  L  K  N  E  Z
Y  K  K  S  L  T  T  K  Y  K  E  F  V  I  M  I  J  Y  W  W  A
B  B  T  S  T  I  M  Q  M  B  S  P  Z  M  A  K  D  L  A  Z  Z
I  G  P  S  E  A  N  M  C  V  A  Y  A  P  T  E  Q  E  Q  H  R
M  A  T  T  R  H  U  L  E  F  M  D  M  G  T  Z  F  S  L  Z  Y
N  I  I  R  D  A  N  Q  U  I  N  N  S  A  N  I  A  H  D  Y  N
W  I  N  V  L  C  L  T  N  I  Z  T  T  X  A  M  F  A  Z  C  I
G  F  Y  T  P  K  O  V  U  M  P  I  N  S  G  M  N  N  Z  S  K
I  Z  T  X  B  N  W  B  W  B  W  S  P  I  Y  E  K  A  W  V  L
J  O  S  M  A  T  T  L  A  F  L  E  U  R  L  R  V  H  S  B  I
D  O  U  G  P  E  D  E  R  S  O  N  H  D  T  U  D  A  Z  P  F
I  K  H  F  M  S  E  A  N  P  A  Y  T  O  N  L  K  N  S  I  F
A  J  O  X  O  V  J  Z  J  N  Y  Y  G  O  Z  C  R  O  G  S  K
Y  Z  U  M  I  K  E  M  C  C  A  R  T  H  Y  B  H  S  Z  T  I
M  A  T  T  P  A  T  R  I  C  I  A  V  H  H  I  X  G  N  Y  N
E  C  F  J  R  O  N  R  I  V  E  R  A  V  N  E  D  X  O  M  G
K  O  L  F  N  F  B  X  R  B  R  U  C  E  A  R  I  A  N  S  S
D  D  F  T  Y  S  W  A  P  H  W  G  X  C  R  S  U  Q  W  U  B
U  G  Z  H  J  R  M  X  T  J  O  E  J  U  D  G  E  B  M  D  U
X  P  T  W  W  Y  F  P  E  T  E  C  A  R  R  O  L  L  P  Y  R
T  K  T  Y  O  Y  F  I  K  E  B  E  B  B  Y  Y  I  Z  X  D  Y
```

Mike McCarthy	Dan Quinn
Joe Judge	Matt Rhule
Doug Pederson	Sean Payton
Ron Rivera	Bruce Arians
Matt Nagy	Kliff Kingsbury
Matt Patricia	Sean McVay
Matt LaFleur	Kyle Shanahan
Mike Zimmer	Pete Carroll

Puzzle 3: Who do you think are the best NFL coach of all time among these people?

```
K  Q  R  O  O  Y  P  F  B  I  L  L  W  A  L  S  H  M  G  M
T  X  Y  A  G  C  X  B  S  X  B  M  D  U  V  C  T  W  D  W
Y  V  B  I  L  L  P  A  R  C  E  L  L  S  W  P  N  E  K  Q
U  T  R  W  E  O  Z  D  N  R  G  I  W  L  I  O  A  D  S  W
Z  G  E  O  R  G  E  H  A  L  A  S  P  H  V  S  L  X  D  I
B  C  I  G  E  O  R  G  E  A  L  L  E  N  S  F  X  S  L  N
J  B  Y  I  R  A  X  P  Z  O  A  B  Q  T  V  Q  S  S  N  E
R  V  I  D  V  T  I  B  M  N  D  O  N  S  H  U  L  A  M  W
Y  I  D  Q  F  Y  Z  I  J  C  J  O  H  N  M  A  D  D  E  N
R  N  Y  N  P  V  H  L  E  U  J  D  W  K  L  T  E  F  U  I
B  C  H  M  M  D  R  L  Z  R  B  L  S  S  C  X  M  Z  X  D
Y  E  I  A  W  R  H  B  E  L  U  P  S  F  H  D  T  T  H  G
U  L  X  I  R  T  C  E  K  Y  D  A  J  U  U  P  O  H  A  R
X  O  R  F  R  M  B  L  A  G  U  O  T  C  Z  M  N  N  H
S  M  L  L  Q  H  I  K  A  R  L  E  S  K  E  L  X  K  C
S  B  V  X  Q  P  G  C  Y  M  A  B  G  J  N  G  A  V  S  R
O  A  I  V  P  U  Y  H  Q  B  N  R  I  N  O  U  N  J  T  I
I  R  Y  M  Y  G  A  I  B  E  T  O  B  O  L  Z  D  A  R  T
G  D  K  V  Q  T  A  C  T  A  I  W  B  I  L  S  R  Y  A  S
D  I  B  Q  E  N  B  K  G  U  M  N  S  A  P  G  Y  A  M  K
```

George Allen	Bill Walsh
Bud Grant	Chuck Noll
Hank Stram	Paul Brown
Curly Lambeau	Don Shula
John Madden	Vince Lombardi
George Halas	Tom Landry
Bill Parcells	Bill Belichick
Joe Gibbs	

Puzzle 4: The best doesn't always get you the most wins. Can you name the winningest coaches of NFL?

```
E D G T G H W V F M E P U P Z N Z M J I V Z W Q J H
B F N I M F G L Y I U W G S W Z W S N K Y X S X M X
X A K V F D J M O K H X Z F X G E Q B B U D D F U R
F G Y O Z W T L L E A P V O J Z N W T Y H M P T X T
T L M T I E G F U S A A O L H Q L R J K C Q B Q H V
W T H F F S N A U H Q U G A W V P M D K X R K U X S
L W C Q U E R U T A X L J E F F F I S H E R U Q T Q
L P W C U I E L L N N B O D K Y L M V Z F X C I M H
M X V T F S V C X A A R P K D E Q E H C X W K X V W
J V G O B U G K L H Q O F K R V F S V F Y Z M S G J
V P V M Z B H W S A R W C X L C H U C K N O L L S I
U O R C E P G C V N C N U C B I U I L Q A X K P T H
Z V V O P G D X L G E O R G E H A L A S F D T Y U Z
B V W U G A V A V B I L L B E L I C H I C K O Y U J
L A A G A O H X Q T U C Y L P S V H X S A S M J H I
K I O H G U V Y Z Y G Y L Q N U D J G A D D L U X P
O K C L F R A B M P E M A O X D Z T G N O H A D T Q
F Z Q I W G L H C P E S M K X N V U B D X U N A L T
N W K N Y K Y M L H F K B P C C F S W Y V R D N P N
E M A R T Y S C H O T T E N H E I M E R P B R R N S
O K C F T L M I A P S W A P Y E Q V D E S B Y E C H
L Y S S A A N Y C H U I U N F X A G B I L I C E Q V
D B T Z P L B I L L P A R C E L L S T D W E L V X M
E D O N S H U L A E C O R B S O H D W S J G D E E J
C H U C K K N O X F R W W W K P V T N X P R O S J A
S O U C B C S M R G G S O N Y A H O Q H V Z L F K H
```

Paul Brown	Marty Schottenheimer
Mike Shanahan	Andy Reid
Tom Coughlin	Curly Lambeau
Bill Parcells	Tom Landry
Jeff Fisher	Bill Belichick
Chuck Knox	George Halas
Dan Reeves	Don Shula
Chuck Noll	

Puzzle 5: Can you find the names of the coaches that have won only 1 Super Bowl?

```
R  H  Z  Q  N  U  I  R  S  E  A  N  P  A  Y  T  O  N  U
Z  H  J  O  N  G  R  U  D  E  N  Q  F  A  G  Y  C  E  E
E  S  N  N  G  A  E  P  E  T  E  C  A  R  R  O  L  L  F
G  A  R  Y  K  U  B  I  A  K  I  E  K  D  G  T  J  H  M
I  X  B  K  E  M  I  K  E  D  I  T  K  A  H  V  O  H  I
S  R  R  S  F  B  A  F  B  W  Y  A  G  K  Z  K  H  X  K
J  M  I  K  E  M  C  C  A  R  T  H  Y  E  G  V  N  E  E
Q  X  A  B  X  F  Z  N  R  A  H  Q  L  B  Z  B  H  B  H
M  H  N  I  I  I  Y  F  R  T  A  K  I  P  E  J  A  D  O
I  H  B  L  J  E  K  P  Y  C  I  Z  O  Y  Q  K  R  K  L
K  K  I  L  U  E  X  V  S  I  Y  L  R  W  L  E  B  G  M
E  H  L  C  T  U  U  V  W  C  E  T  Y  T  M  T  A  O  G
T  G  L  O  D  I  B  V  I  A  P  T  J  S  T  A  U  A  R
O  U  I  W  F  R  E  U  T  S  G  V  A  V  H  J  G  M  E
M  X  C  H  L  E  W  Y  Z  W  B  J  D  Y  L  L  H  O  N
L  Y  K  E  Z  T  U  C  E  P  T  O  N  Y  D  U  N  G  Y
I  W  Z  R  J  T  P  X  R  C  A  T  V  H  X  O  N  C  X
N  Q  J  O  H  N  M  A  D  D  E  N  Z  D  B  Y  K  K  F
P  A  G  O  N  A  O  Y  D  I  C  K  V  E  R  M  E  I  L
```

Gary Kubiak   Jon Gruden
Pete Carroll   Brian Billick
John Harbaugh   Dick Vermeil
Mike McCarthy   Mike Holmgren
Sean Payton   Barry Switzer
Mike Tomlin   Mike Ditka
Tony Dungy   John Madden
Bill Cowher

Puzzle 6: The Super Bowl ring is a prestigious memento that is only given to Super Bowl winners. Can you name the coaches who have the most rings?

```
T O M L A N D R Y F F O S I T M U O V F
A S O M Z M N E C R B T D P F B G C U U
U B O U V K E Q F Y R O C C I G B A C B
U Z W I F Y Q U Z J G M Q H C B T B J I
I X H F O L Y I F O E C V U W I Y X I L
V Z I K B H O B G E H O G C I L P C M L
X D D J S H H I E G U U D K I L Y H M P
Y C E C V L I L O I L G X N H W H G Y A
J S O T Q D B L R B Q H Z O U A A C J R
Q U W S L F Z B G B J L O L A L R O O C
X H G S D O W E E S G I G L K S O L H E
F Y O P A E K L S B C N D K K H M T N L
C Q H I M X K I E T O M F L O R E S S L
R J R I I F H C I E P H R J O H D D O S
C P M N L A S H F D O N S H U L A Z N D
F F X K X M N I E S O A J Z Z Z A V B O
R R R F Q X X C R L R B L A K U J R M B
V E T L R M L K T V Y T A G V C F G M E
V V O C G Y V I N C E L O M B A R D I V
O B U N U H M I K E S H A N A H A N Q O
```

Bill Belichick

Chuck Noll

Bill Walsh

Joe Gibbs

Vince Lombardi

Tom Landry

Don Shula

Tom Flores

Bill Parcells

George Seifert

Jimmy Johnson

Mike Shanahan

Tom Coughlin

Puzzle 7: Alternatively, can you name the players with the most Super Bowl rings?

```
G M Q A I H F Z E F Q P E G Y O A U O O S
M P G K X C H A R L E S H A L E Y D E R H
E X R N A R O N N I E L O T T D M U B S F
F R A N C O H A R R I S T G B F A T P P D
A W T N V X I G L E H H E W M C T E V L B
D X P G U A K U G X D M D A L E T R T T P
A U F U P R V U D H O I H T T R M R U V T
M F Y V S X O X E A S K E O H I I Y E T S
V N P C D D D T H O K E N B D C L B M N A
I V W Z H T D O O I J W D G Z W L R H M S
N B Q B R H J M H C G I R D L R E A C A N
A H O W D S B B Z R V L I D F I N D Q R R
T X Y A N A V R B W M S C P T G V S M V G
I E W N V S W A I D O O K F C H Q H B F J
E H N W Q J L D M O N N S H F T I A J L I
R G X J F Y H Y G V T W R I N P P W W E S
I A F H T O K E E N A T U R N E R M K M Z
B I L L R O M A N O W S K I I G B Z C I W
E T A F Q H Z G O W P J O E M O N T A N A
M I N C Y W N R S I H W J R E H X U Z G X
J E S S E S A P O L U V O H Q S F K B K Z
```

Tom Brady	Keena Turner
Charles Haley	Eric Wright
Ted Hendricks	Mike Wilson
Marv Fleming	Ronnie Lott
Matt Millen	Jesse Sapolu
Bill Romanowski	Terry Bradshaw
Adam Vinatieri	Franco Harris
Joe Montana	

Puzzle 8: Can you name the best players of NFL?

```
D B N E K J I D E R R I C K H E N R Y X H W T Z O
C F C L M E X E T B F R Z G M F Q F X E Z C E O B
S S N U F C B L Y Q G V W V A A R O N D O N A L D
X O P S C G H U V W W C R G P A Y Q S F A Z D H D
U X B C D D G L R B M C R O B D C W X N K E A C T
T H C V B A Y K W C P Y N A D E V D E D T U O R E
T L S G C H R I S T I A N M C C A F F R E Y G P V
I H E B C S U A D E A N D R E H O P K I N S Q Q V
K G H T D T J D D T G C H A N D L E R J O N E S D
B N V O O E Y L R Q E K C F V C F A F V X X A L A
N W J M X P E B E X N A J U L I O J O N E S B Z W
H J D B Z H R S W I L F R H Y Z C N I P M M N L J
N S D R R O F J B O Y M E X Y M R R G A M U R Y E
M Z P A L N I P R O S H X J N X Y Q E T H Y I L H
H G M D A G M P E H V R F K Z I W X O R P S A Z T
T Z R Y M I A K E Y M P X Y Z B H Z R I C X L Y K
C P K E A L V V S G P P R R H F V T G C L X E K Q
U L N J R M T E Y R U F X J D V B X E K R L R Y N
L M S G J O T O I Q F H A Y U E D E K M I G C G U
Z O H S A R G D V A C T I J V K R G I A O I A H V
I A M F C E I P H I H X J P H D E L T H H Y M C V
Q T F I K B O B B Y W A G N E R K P T O P B Z Q O
T U F X S M I C H A E L T H O M A S L M F I K L P
O U D S O I H D T I G M J Y M J X H E E N W S Q V
S N Y K N R U S S E L L W I L S O N U S F K D F J
```

Lamar Jackson   Stephon Gilmore
Russell Wilson   Derrick Henry
Aaron Donald   Julio Jones
Patrick Mahomes   Drew Brees
Michael Thomas   Bobby Wagner
Christian McCaffrey   Tom Brady
George Kittle   Chandler Jones
DeAndre Hopkins

Puzzle 9: Can you name the NFL players who have scored the most points?

```
K S T D N P X F O M V Z O U K I N C S N M J E K E V
Z G U E F V O S J I J Y G G W K G N R Q M K K M R T
S E B A S T I A N J A N I K O W S K I S C H S J V G
E L D Y N G V X M A T T B R Y A N T Y L Z R S E O K
G A O S T E P H E N G O S T K O W S K I Z J M Z V C
C N R K O H I G E D J Q W D Z H L A Y B I K V O V X
T E Y I R T V U X R Y I N O W K U T T W N O Z J Z I
V H I M M P C D I T L N V G E O R G E B L A N D A Q
J O H N C A R N E Y U O F E B I R S E C A M K N Y V
E E A W G L T M O E E R D E V T M K P D F O J Q X H
L L J P L O T R F T G M T Z K A E S H M T N A T M Z
M U O M U F X X K I Q J X B C D B T I M N X N K N S
O S H W M X T V Z M T O Q S N A U P L F T G E W K P
R U N A G H Y Q A K O H W P R M M Y D K P F Q P W J
T P K V A D R M B F Z N T R G V G I A Q H Y K J X A
E D A S R M O Y T J G S B W K I P X W Z G J X N S S
N N S U Y T U N H T Q O M A X N F B S V M J K Z T O
A N A S A X J T B U F N A R U A I Y O X Q A Z S X N
N D Y R N H D Z N E G Y T L L T P L N G C S T V C H
D I O G D A H V W V Y T T Q B I U V K P Y O X L Q A
E H T L E M W V X B M E S O C E J G Z A V N O H U N
R Z R W R U X X C P C B T C Q R N Y H H W E A A Q S
S B T F S O B K G L J F O O M I X B X T X L C T O O
E G U P O M Q R Y U D A V I D A K E R S I A G E D N
N T N I N V N Z G C S C E T M R I G W A M M L O J B
G D P H T G G V K N N G R F T S N T Q R H V J I O J
```

Adam Vinatieri

Morten Andersen

Gary Anderson

Jason Hanson

John Carney

Matt Stover

George Blanda

Jason Elam

John Kasay

Sebastian Janikowski

Phil Dawson

Stephen Gostkowski

Matt Bryant

Norm Johnson

David Akers

Puzzle 10: Touch-down is an amazing way to score points. Do you know the players with the most touch-downs?

```
Y X K V H O O W B M V B R G Q P Y T Q Q N Z Z Z L
M H L Z M F F C D E D L B B O S R L T C D T F G E
N A T Y A E S G W T X A A X E M M I T T S M I T H
G D J N R K I Y B U T D N J R U M Z Z W H J Q G S
S C R I S C A R T E R A T O X V R G L Z N W H I K
L X Z P H A F J N I Q I O R E X A H T V R C N K B
A O R E A B L G S X Z N N R A P C I P A A I Z Z B
R J G T L N R R M A I I I H M W Z R R D G W I O U
R I D T L V V Q M I A A O N D E L Y V R G A E S S
Y M P Z F C J R Y T F N G H Q H A C E I Y L B N L
F B E T A D J H H P Q T A L Y K A N D A G T I W H
I R T U U Z H B Y W M O T K N V S W D N N E V F Q
T O H W L P M V C V A M E W M R J Z Y P N R C V N
Z W I P K D B T U S H L S Y B Q E I B E C P X S B
G N X J O H N R I G G I N S T W R E I T K A O T W
E Y O T P U N F Q R J N V I B D R Y Z E Q Y J G R
R K R L N Y V W M Z V S R Q T I Y F R R Y T A P Q
A T Z Z T E R R E L L O W E N S R K R S V O N T D
L R P I D W H Q C L E N D M W S I S K O I N I M Q
D W S F R A N D Y M O S S F K Y C B K N B J P H X
G W N I G J J U O G X B B Y P C E M S X J V I N I
M M A R V I N H A R R I S O N P J G U O U V X O A
J I T I Z K M G F P M W H J O W K C A B W Q S R P
G W R I U I I B N C Z U F H I O F H O P E W Z Z H
U H I R R Z W D M A R C U S A L L E N T Q D D T M
```

Jerry Rice	Marvin Harrison
Emmitt Smith	Jim Brown
Ladainian Tomlinson	Walter Payton
Randy Moss	Larry Fitzgerald
Terrell Owens	Adrian Peterson
Marcus Allen	Antonio Gates
Marshall Faulk	John Riggins
Cris Carter	

Puzzle 11: Rushing is a good way to position yourself and support your teammates. Can you name the players who have rushed the most yards?

```
T U E J B I Z A G W X V N U G G Z X Q K X L Y J B
O E O P A V C G A G T L L N T W Y L X S N F J G W
K N R U R H T Y R V O A D R I A N P E T E R S O N
P E G E R V R V N J N B L J E R O M E B E T T I S
I B S B Y V R V S E Y O F R A N K G O R E E I F X
S Q E J S M C F B M D F E J B F F W G N Y O T H E
O G F Z A B D M S M O Y R M D R E E A P O M D Z O
E I C P N P A T E I R L I C V A B K V K F D M S Q
D S D Z D P J X S T S A C G O N J C P J Z V H T Y
G B T T E J B X P T E D D U H C C R W I P X L F U
E V N K R G T P W S T A I U B O C U S M B E Q T A
R E I H S I M A P M T I C I J H H C D B K A Q S P
R T R U B X G E P I U N K L E A E U M R H H S S K
I C V O E Z B F N T N I E J U R Y R C O D C T C K
N I G D T K K P K H G A R E T R H T D W H C H K L
J U W T B F A W I H L N S F H I L I C N A N G I J
A L W A L T E R P A Y T O N Z S P S A A R C J H P
M G G I A J E Y E A P O N N P K P M Y J W E V I D
E E Y M F Q K K N F I M M A R S H A L L F A U L K
S Q L U N U S P B J L L P O H S B R G E P O J Z A
E Y T T L I W R H V M I H T Q L H T J W Z N K G J
Z G I A Z M O Q I D D N E O I N H I V F R A J U G
R P A P F H K A Y V F S P N I L F N E U X T C C I
R I M C O I J I E U Z O L O W Q F S K T W G D Z J
B J J C E M J K C V O N M A R C U S A L L E N X P
```

Emmitt Smith

Walter Payton

Frank Gore

Barry Sanders

Adrian Peterson

Curtis Martin

Ladainian Tomlinson

Jerome Bettis

Eric Dickerson

Tony Dorsett

Jim Brown

Marshall Faulk

Edgerrin James

Marcus Allen

Franco Harris

Puzzle 12: Rushing touchdowns always give us suspense. Can you name the players who are the most successful with this play technique?

```
F  E  J  D  Z  C  V  M  B  H  S  D  E  B  Z  Q  B  S  Y  M  G  S  P  F  Z
P  E  H  A  O  N  V  H  J  U  H  V  T  U  O  O  D  O  S  B  W  B  I  G  B
U  T  M  Q  D  A  D  R  I  A  N  P  E  T  E  R  S  O  N  Q  F  Q  T  Y  Q
Y  M  A  R  S  H  A  L  L  F  A  U  L  K  I  C  E  U  Y  R  T  V  A  G  L
U  E  W  Q  V  L  L  Q  Q  B  J  N  W  A  L  T  E  R  P  A  Y  T  O  N  L
V  R  P  C  E  L  I  B  W  R  J  I  C  R  A  R  R  X  E  L  Y  K  Z  L  K
H  I  Q  C  C  A  Z  X  I  R  P  Q  E  N  J  P  D  I  A  G  X  I  G  J  U
F  C  Z  U  J  D  P  W  C  U  O  J  A  E  M  Z  A  D  B  I  V  P  W  X  R
Z  D  O  R  K  A  E  F  R  A  N  C  O  H  A  R  R  I  S  I  C  J  E  N  C
Y  I  D  T  M  I  H  J  Q  H  A  Y  B  X  L  F  N  X  J  L  I  K  C  T  H
E  C  E  I  X  N  N  F  Q  T  D  A  H  X  P  Y  Z  T  V  K  R  R  L  J  J
J  K  A  S  U  I  E  A  O  C  J  E  R  O  M  E  B  E  T  T  I  S  U  I  L
L  E  P  M  X  A  K  N  C  V  K  N  Z  I  Y  J  Q  Y  M  V  C  S  N  M  S
X  R  N  A  Z  N  C  U  L  Y  O  L  H  E  U  O  L  P  A  B  X  Q  G  B  Q
I  S  A  R  Y  T  F  R  Z  R  T  D  G  G  O  H  N  R  R  A  U  H  C  R  Y
S  O  Z  T  F  O  K  P  L  U  L  X  K  E  F  N  K  I  C  R  L  V  Y  O  L
E  N  T  I  D  M  B  J  R  W  I  A  U  G  I  R  N  E  U  R  H  W  E  W  G
E  H  H  N  D  L  C  E  Q  V  U  L  L  L  K  I  O  S  S  Y  Y  P  Q  N  I
J  W  E  M  M  I  T  T  S  M  I  T  H  B  P  G  Z  T  A  S  K  W  A  R  C
H  P  W  H  I  N  S  B  T  P  B  H  X  B  P  G  E  H  L  A  E  H  D  U  D
J  C  O  U  C  S  U  M  F  F  U  U  D  X  X  I  Y  O  L  N  H  H  S  E  N
R  O  C  M  R  O  W  G  C  U  P  G  I  Q  T  N  Y  L  E  D  N  V  T  B  G
H  I  C  U  Q  N  K  S  A  E  X  T  A  A  D  S  X  M  N  E  R  E  M  Y  K
N  H  I  E  E  S  H  A  U  N  A  L  E  X  A  N  D  E  R  R  L  N  N  K  V
N  R  F  W  W  C  H  R  D  V  V  J  L  J  Y  V  S  S  E  S  B  O  G  M  S
```

Emmitt Smith	Shaun Alexander
Ladainian Tomlinson	Barry Sanders
Marcus Allen	Franco Harris
Adrian Peterson	Jerome Bettis
Walter Payton	Eric Dickerson
Jim Brown	Curtis Martin
John Riggins	Priest Holmes
Marshall Faulk	

Puzzle 13: Can you name the players who are passing yards leaders of the NFL?

```
N W K F O W A U G U K D L N F J G D W R B N Y N
Z H Z F P F P V I A Q K X Q M O Q E Z E M J E L
A R P F H L T C D V H Y M S H H Y Y W X L S L E
A O Q A I U F F U U Q Z G Q H N F I P D A E I S
R D G B L Y M A T T R Y A N L E J R W Q M Z M Y
O A Z T I O R L K L V P M Y H L K B E S W J A G
N N P X P T V T N L M L U L H W A F Y E H N N C
R M H J R O H M P Q G X E M B A X T F P R L N F
O A R U I Z B W B C Z M Z A J Y D F U R K B I X
D R I C V B E N R O E T H L I S B E R G E R N H
G I S L E E B P E Y T O N M A N N I N G R A G M
E N B W R X O F K I T V H T W A R R E N M O O N
R O Y A S V C K Z D R E W B R E E S L N A F R P
S L V Q M T H J K E E J G E K H O X W K L J R F
B R E T T F A V R E Y S F V Z R H X N C L T R P
S P B T C F O R K T U U P F K P B X S H H O T W
G P Z S I G D T C I J A C A R S O N P A L M E R
P Y F S F R A N T A R K E N T O N V O O J B O I
L U N E Z U A M R K L F H R H Z J O T L K R I H
X W G Y B A B D D A Y K U S P B A E L P Y A V Y
F I R C U I D T V G L V K K W N J K L C G D S T
P S V Y Z N A Z U R D I D K V D U E U X D Y X E
K R T V I N N Y T E S T A V E R D E O H M T G L
H D X O K K K Q W U A S X D U J X A K I X U O Y
```

Drew Brees	Matt Ryan
Tom Brady	John Elway
Peyton Manning	Warren Moon
Brett Favre	Aaron Rodgers
Dan Marino	Fran Tarkenton
Philip Rivers	Carson Palmer
Ben Roethlisberger	Vinny Testaverde
Eli Manning	

Puzzle 14: Passing is not easy, especially when you are up against these players with the most successful interceptions:

```
X R R E K I L A J U V G S K W Z A D C P R
V O W D O F H K L E C G E K R I X A R F H
C N K R K T Q N G Z K N S U O E O R H L O
H N R E M D I C K L E B E A U Q R R E V W
A I Q E X B S O K E N R I L E Y R E N R K
R E C D R O D W O O D S O N I T V N D B H
L L G E U G E N E R O B I N S O N S X S U
E O R S Q O F Z K V Q J E E L E N H J W U
S T J K T B M V B T Y K M M X X P A M U M
W T O Q N O H I A W Z S L M G Y A R Z Z Q
O Z X T W B B Z T V Z C E I F W U P W O J
O N C N U O T H T S O F N T G T L E Q A G
D D A V E B R O W N K O T T M E K R T P O
S C B L D B E E C S T W U T C O R N M O S
O S E N I Y P M W B I L N H E N A N C G E
N K U L C B R X O U B A N O E N U L F W B
G G P X K O Z M D X F D E M B O S S N P Z
S L K Z L Y B B W L V J L A V S E H B P G
E Y M L A D Y I V F C C L S N E V C V E Z
H W I O N G N P N N Q K X S R Y C B C Z E
D Z V Q E R M E L B L O U N T H H L W S Y
```

Paul Krause	Darren Sharper
Emlen Tunnell	Dave Brown
Rod Woodson	Dick LeBeau
Dick Lane	Emmitt Thomas
Ken Riley	Mel Blount
Charles Woodson	Bobby Boyd
Ed Reed	Eugene Robinson
Ronnie Lott	

Puzzle 15: Other than interception, you will likely be sacked, or tackled, very often if you are a quarterback. Can you name the players with the most sacks in NFL?

```
R  M  F  R  H  E  C  L  A  W  R  E  N  C  E  T  A  Y  L  O  R
S  I  Z  B  R  U  C  E  S  M  I  T  H  J  H  I  A  J  A  X  F
P  C  G  Z  Q  O  D  W  V  K  E  V  I  N  G  R  E  E  N  E  N
Q  H  B  M  Z  R  E  G  G  I  E  W  H  I  T  E  Y  Z  Y  F  V
Z  A  S  W  U  I  K  J  F  I  K  J  P  Y  W  A  H  R  A  W  T
V  E  L  R  P  M  V  O  D  E  L  P  C  W  F  C  U  Q  Q  Y  X
S  L  R  F  J  U  W  H  E  J  A  S  O  N  T  A  Y  L  O  R  S
Y  S  R  I  O  E  E  N  M  B  Z  C  L  B  R  L  U  L  N  Z  R
G  T  I  P  H  Q  Q  R  A  B  J  H  E  A  J  C  Y  T  N  G  K
H  R  C  T  N  F  Q  A  R  K  P  R  S  Y  U  X  K  F  P  W  W
G  A  H  E  A  E  L  N  C  E  O  I  L  E  L  Q  D  L  U  F  K
E  H  A  C  B  V  T  D  U  V  R  S  I  H  I  S  T  E  T  A  W
J  A  R  D  R  M  Q  L  S  M  D  D  E  A  U  R  R  T  S  R  H
M  N  D  T  A  H  S  E  W  L  X  O  O  L  S  Y  K  U  T  A  B
P  Q  D  N  H  D  K  F  A  I  W  L  '  D  P  G  N  R  M  Q  Y
J  W  E  H  A  Q  Y  Z  R  E  G  E  N  W  E  E  O  N  V  C  M
E  G  N  D  M  G  M  C  E  J  W  M  E  N  P  Z  Q  B  J  D  H
O  I  T  X  J  M  T  V  P  W  Y  A  A  L  P  C  Y  X  B  F  E
B  J  J  A  R  E  D  A  L  L  E  N  L  S  E  N  P  Y  B  U  E
L  Z  G  U  J  C  D  F  A  O  G  P  I  Q  R  M  V  F  I  L  P
F  T  E  R  R  E  L  L  S  U  G  G  S  O  S  R  B  M  X  T  M
```

Bruce Smith
Reggie White
Kevin Greene
Julius Peppers
Chris Doleman
Michael Strahan
Jason Taylor
Terrell Suggs

Demarcus Ware
Richard Dent
John Randle
Jared Allen
John Abraham
Lawrence Taylor
Leslie O'Neal

Puzzle 16: Can you name 15 Most Valuable Player (MVP) of the NFL in the recent years?

```
Z C D L G T O S S P A T R I C K M A H O M E S J E
G M O Z L S R O L A M A R J A C K S O N N V T N V
B K K C Y D Q W K N F G F N K S D T K P N D Z U Q
A D R I A N P E T E R S O N U H K W D J Q E X O Q
F U X H R R E I D O O D I V R A W H G L F W I Y D
M K Y A Z A U E M B L J U K T U J Q X D S N E V C
G N Z H L W K C Q C A V D G W N C A M N E W T O N
N Y A Q T B T I C B D U N R A A U U C C M S G B T
B L P O O D E A G F A F U B R L K F B Q B K B C F
Q I C N M I C X D A I T V K N E R C T W C Q Z R C
J A H I B N U Z K A N Z Y V E X I A H F G C V I L
Q A R D R I D J E R I Y R E R A C J X J L P B A K
S G O O A J H N F O A A X I B N H G W U S O P P U
B T B D D V V O Y N N T F Z P D G I G G S C E G R
Q N G M Y S W C W R T I L N C E A A T H W R Y M T
N X T J H P U A C O O K Z R E R N M R G H H T A W
W D T O N Y C G V D M G W B U I N F S R B K O T A
H D K V G J R N L G L A B Z J W O I P E H V N T R
P L Q O D C X I J E I I C Y X B N H W D C O M R N
T W R N X H D W M R N S T E V E M C N A I R A Y E
I Y T M V N E Q H S S E J K W K B H P U Y N N A R
O Q R X P O C L W A O V I F Z S V D I X M P N N C
Y M L D J K O R Z W N Y E Y Y Q H S N F M M I X M
S F V U T L M V M P H D N M S P G Z U I H V N H O
F C W M F B M A R S H A L L F A U L K Y Q X G D X
```

Kurt Warner

Marshall Faulk

Kurt Warner

Rich Gannon

Steve McNair

Shaun Alexander

LaDainian Tomlinson

Tom Brady

Peyton Manning

Aaron Rodgers

Adrian Peterson

Cam Newton

Matt Ryan

Patrick Mahomes

Lamar Jackson

Puzzle 17: These worst players of the NFL are here to remind us to appreciate our best ones. Can you name them?

```
E  R  U  V  X  K  J  C  E  U  R  N  A  I  O  S  H  N  X  M  D  H
S  D  R  T  Q  B  I  N  O  F  O  P  K  R  Q  O  N  C  Q  A  D  D
J  D  K  C  J  L  M  X  C  R  C  C  I  S  H  F  R  F  S  U  H  G
O  L  E  Q  S  S  M  P  A  X  E  P  M  S  G  V  F  T  J  R  S  V
H  Q  Y  R  H  M  Y  E  J  O  H  N  M  C  K  A  Y  J  R  I  C  E
N  A  A  D  D  R  H  D  K  O  N  V  C  N  A  G  T  F  R  C  R  F
N  U  D  E  N  S  I  M  J  Q  L  A  Q  Y  K  J  L  E  O  E  Q  X
Y  D  L  V  F  H  N  P  Q  T  N  T  U  O  I  B  J  N  C  C  D  M
J  M  I  C  H  A  E  L  H  A  D  D  I  X  L  J  Q  V  K  L  X  M
O  Q  H  O  Q  Q  S  G  S  W  A  W  L  H  I  L  B  Y  Y  A  L  S
N  B  M  O  U  E  D  E  F  S  R  E  K  U  S  L  H  I  T  R  C  P
E  G  U  Y  R  U  Z  O  L  B  V  F  E  R  M  I  H  I  H  E  X  F
S  T  L  E  U  J  J  C  W  T  I  R  N  N  I  Z  D  Y  O  T  W  I
L  E  L  P  S  B  E  V  F  M  F  Y  Y  S  T  K  G  L  M  T  I  H
F  D  Y  N  T  P  X  J  U  T  P  A  K  V  H  F  N  C  P  J  N  L
H  G  A  N  Y  U  L  J  Y  L  N  N  B  K  W  P  O  V  S  W  N  N
Q  R  J  N  L  K  E  V  I  N  A  L  L  E  N  C  D  I  O  V  Z  J
B  E  Z  V  I  K  W  Y  M  O  C  E  J  Q  D  L  M  U  N  C  Z  H
W  G  X  F  S  J  B  A  B  E  L  A  U  F  E  N  B  E  R  G  R  K
E  O  G  S  C  X  M  Z  T  M  N  F  N  C  O  P  D  W  F  V  N  B
W  R  S  W  H  J  M  J  A  M  A  R  C  U  S  R  U  S  S  E  L  L
S  Y  O  S  Q  L  Y  R  B  O  B  T  I  M  B  E  R  L  A  K  E  W
```

Johnny Jones
John McKay Jr.
Akili Smith
Babe Laufenberg
Jimmy Hines
Michael Haddix
Ted Gregory
Kevin Allen

Maurice Clarett
Kim McQuilken
Bob Timberlake
Rocky Thompson
Ryan Leaf
Rusty Lisch
JaMarcus Russell

Puzzle 18: Bad coaches lead to even worse losses. Can you name 15 of the worst head coaches in the NFL?

```
E  C  C  F  I  T  D  E  N  N  I  S  E  R  I  C  K  S  O  N  D  V
Z  L  N  F  J  V  E  R  T  U  Y  D  R  C  D  N  S  Z  U  G  O  C
M  A  R  T  Y  M  O  R  N  H  I  N  W  E  G  L  J  M  R  V  F  R
F  H  C  J  Y  K  L  J  D  J  U  J  H  S  Q  A  I  J  A  Z  G  M
E  F  T  N  D  G  Q  T  C  V  H  V  O  R  A  N  M  V  Y  R  Q  D
I  X  H  P  Q  K  G  I  M  X  D  V  B  H  F  E  Z  Z  H  F  J  A
M  M  S  T  E  V  E  S  P  U  R  R  I  E  R  K  O  D  A  T  P  V
L  B  I  P  O  P  G  H  R  H  W  B  H  H  F  I  R  H  N  T  I  E
E  O  B  Q  H  L  Y  S  I  L  R  L  V  Q  L  F  N  Y  D  I  M  C
S  B  N  S  E  Y  D  B  C  B  U  L  P  N  N  F  K  D  L  Y  V  A
S  B  Y  D  H  R  Q  D  H  D  P  C  E  Y  P  I  Z  L  E  B  G  M
T  Y  Z  T  P  Z  M  X  K  U  H  Y  P  T  G  N  C  W  Y  I  H  P
E  P  N  X  C  O  E  R  O  D  M  A  R  I  N  E  L  L  I  L  G  O
C  E  Y  X  G  G  S  H  T  M  K  U  F  T  E  Q  P  C  A  L  O  A
K  T  L  M  T  A  M  L  I  D  R  W  O  B  Z  E  O  S  E  P  Z  C
E  R  S  B  V  E  O  K  T  G  D  T  W  E  P  E  K  C  O  E  Q  L
L  I  T  G  Q  J  T  M  E  D  A  V  E  S  H  U  L  A  M  T  M  X
C  N  G  H  H  W  U  B  U  E  L  Z  A  U  O  K  B  J  E  E  Q  P
Q  O  D  R  Y  J  O  S  H  M  C  D  A  N  I  E  L  S  S  R  S  Y
C  H  R  I  S  P  A  L  M  E  R  C  V  S  J  H  F  M  E  S  N  F
I  O  T  M  Y  A  V  R  B  F  X  U  Y  A  F  O  P  J  W  O  M  U
R  I  L  K  A  G  U  Y  L  B  K  J  X  C  K  V  H  S  U  N  F  E
```

Dennis Erickson	Bill Peterson
Jim Zorn	Marty Mornhinweg
Chris Palmer	Lane Kiffin
Dave Campo	Bobby Petrino
Ray Handley	Dave Shula
Josh McDaniels	Rich Kotite
Steve Spurrier	Rod Marinelli
Les Steckel	

Puzzle 19: Can you name the contemporary artists who got the chance to perform during the Super Bowl's halftime?

```
R D X H L E Z B E Y O N C U S V F Y X D D H J Q G
K V Y H X H I F H C A B R U N O M A R S B H G J S
U C N F C B N J Q Z G B F W Y M L Y E I O O Z T U
K Q U O P U S X Z J U N W I R M A I D K A I F H W
W J E N N I F E R L O P E Z E R D X H Z N E O E B
B M C J V Z M D P I I T H C P O Y X O N J F V B J
F H U L G U P O G N A C F U B M G F T I N P W L T
I T O F U A G F C Z U N Q B V A A G C C G L I A Y
M A X N F R C D P K Z U G M B D G O H K F M X C B
B Z E J R B N W A D V E G S P O A Z I I Y A C K H
J O K N Y T K F B W O B I D T N O T L M V R P E P
C S Q D S R R I L T J C E Q R N S X I I R O Q Y B
Q L Q P P C J N F Z I M R K P A Z P P N E O W E T
K C P E C O K M X K E I U G U U R R E A R N V D O
A W G Q S L X G H Z A D K H P L X W P J G 5 K P C
E D U C M D X N Z H O L F S O D S W P C G C Z E E
A K V R V P I C I R H M S H W R O T E X J Z C A E
O J Q P Y L A U N K Z I H A U A O Q R M Q T C S L
V T V X Z A F K X H E B I K Y N L X S W V A Z Q O
U X Z K W Y Z N X T Q F M I G Q X O V Q Z P C N G
S F D D O X F T N L F O S R X K D Q H N W M C N R
H N E B G W F A P W H Z N A G K A T Y P E R R Y E
E E J U S T I N T I M B E R L A K E C B R B F Q E
R V M O P E W D N W L M V D V D X N I P Y D E P N
H Y J J C H F T P G K G E G H N H L U O F K U T W
```

Shakira	Katy Perry
Jennifer Lopez	Red Hot Chili Peppers
Maroon 5	Madonna
Justin Timberlake	The Black Eyed Peas
Lady Gaga	Nicki Minaj
Coldplay	Cee Lo Green
Beyoncé	Usher
Bruno Mars	

Puzzle 20: However, which lead performer do you think got the best halftime performance?

```
G G A H N D C T V C I P G Q O F B E Y O N C X
E Q Z S H A N I A T W A I N K F B R E G R A K
O F T B Y W O S C V H U F C D Q N R X J B P V
H D D J K H J T P J P L K C L L T K U M R U H
K R K Y A R H E Q X I M V F O J M Z V E U I S
X B B O T K X V M S Y C S A Y A I J B P C U U
J S R Z Y Z T I B O M C W G A N C M F R E G M
S N Q U P N Y E E Q R A S I E E H C F I S M J
L P T O E F I W L K S R N Z R T A H M N P Z C
L H Q A R X S O Q L U T H U O J E M Z C R G W
K X P K R L U N Z L I N Z Q S A L P U E I I K
U G J Q Y G 2 D D K U E Z Z M C J A S P N Z E
S J H B T P F E I X W Y I T I K A N M G G P A
W T V K V Y L R A O N Y B H T S C I P J S P F
A O U B G D Q W N T T S D P H O K Z A L T B K
M W R J D T H Q A T D Y T L S N S I H Z E M W
I Y H T G S W B R Z K X H L A B O V C Y E F M
H Z I K T F V A O M H M L B H V N H I E N Z M
S G C O Y U E Z S T H E T E M P T A T I O N S
B I B B I R K U S W J E N N I F E R L O P E Z
T V C R E I N F H W W M H F H U P K N U N O M
R J C C C Z L R Q H R U O B C I I M D V W D B
F C X R U V Z C L I N T B L A C K R H O G T V
```

The Temptations
Stevie Wonder
Jennifer Lopez
Paul McCartney
Shania Twain
Aerosmith
Clint Black
Bruce Springsteen

Katy Perry
Beyoncé
Diana Ross
U2
Michael Jackson
Janet Jackson
Prince

Puzzle 21: Can you name the current owners of the most expensive football clubs?

```
N  J  S  W  T  L  T  H  B  S  P  K  T  T  I  T  P  E  M  A  C  M  B  A  F  V
G  R  I  C  W  I  K  Z  S  P  E  T  Y  U  M  L  J  C  Y  W  O  B  A  U  S  C
O  M  L  P  H  D  A  P  E  R  I  W  X  W  R  W  O  H  M  H  H  Q  X  U  L  D
K  E  Y  G  F  F  D  P  Y  Z  F  N  X  Q  T  E  H  I  U  P  B  H  H  H  Q  V
E  I  W  U  E  O  W  Z  Q  D  H  U  J  H  I  J  N  V  G  J  K  V  L  A  P  G
R  O  B  E  R  T  K  R  A  F  T  J  X  E  O  N  Y  L  Y  A  S  R  A  O  G  T
L  M  I  G  L  X  X  K  Q  H  U  Q  G  Y  U  Y  O  K  O  O  Q  Y  M  K  O  U
K  P  A  A  I  O  P  G  Z  H  B  V  D  R  F  D  R  X  N  T  S  W  R  E  W  Q
V  R  V  Y  U  C  J  Q  E  O  R  C  R  J  F  R  K  L  U  K  S  R  H  C  H  I
L  R  C  I  K  L  P  H  V  Z  J  C  C  K  R  Z  H  B  S  Y  B  Z  X  S  X  N
J  C  Z  M  Q  K  B  Q  E  R  X  Q  J  S  Q  T  D  K  Q  N  A  V  M  X  O  Y
D  Z  F  A  E  I  R  C  T  G  H  J  D  Q  H  G  P  P  A  T  B  O  W  L  E  N
N  D  P  Z  V  P  A  U  L  G  A  L  L  E  N  E  F  F  S  M  Y  J  M  S  W  Y
S  A  T  G  S  W  F  W  N  I  P  U  S  Z  L  F  E  H  D  C  T  W  A  T  C  R
F  N  H  Y  B  Q  U  C  Q  V  C  E  T  P  E  T  Y  T  T  C  Q  D  N  A  S  D
P  I  L  J  C  D  T  Z  W  U  N  D  I  M  X  Z  G  X  V  A  Q  B  M  N  L  E
D  E  N  I  S  E  D  E  B  A  R  T  O  L  O  Y  O  R  K  S  R  O  X  L  D  I
J  L  U  J  T  R  F  Z  C  M  A  R  K  D  A  V  I  S  B  K  R  S  P  E  X  M
J  R  C  M  N  X  R  Z  G  V  A  S  U  M  B  E  K  A  J  E  V  D  B  Y  J  Y
U  O  O  G  Y  K  X  K  K  T  N  C  F  K  W  L  T  K  M  Y  X  H  T  K  O  R
V  O  H  A  J  A  N  I  C  E  M  C  N  A  I  R  B  U  L  F  H  Z  C  R  H  M
H  N  C  D  A  N  I  E  L  S  N  Y  D  E  R  Z  Z  L  Y  A  V  F  V  O  N  D
O  E  J  E  R  R  Y  J  O  N  E  S  Z  W  R  G  J  C  S  M  V  S  H  E  M  W
Z  Y  Y  J  O  H  N  S  O  N  F  A  M  I  L  Y  L  G  W  I  F  C  Y  N  A  R
S  Q  D  I  C  M  J  E  F  F  R  E  Y  L  U  R  I  E  L  L  E  S  L  K  R  H
K  S  N  P  J  A  W  W  N  Z  F  T  X  C  X  W  H  S  U  Y  X  J  T  E  A  T
```

Daniel Rooney	Johnson Family
Paul G. Allen	Denise DeBartolo York
Mark Davis	John York
Pat Bowlen	Stanley Kroenke
Janice McNair	John Mara
Jeffrey Lurie	Robert Kraft
Daniel Snyder	Jerry Jones
McCaskey Family	

Puzzle 22: Green Bay Packers is arguably the greatest club in the NFL as they have won 13 league championships, the most out of any other clubs. Can you name 15 of the people who got into the Packers' Hall of Fame?

```
M I K E M I C H A L S K E S K G C N N C
W I M V U N R O V H E V S O L R D E I U
P Q E B V D X A Q Q Q I E Z L I Z Z H R
A Q B P E D B R E T T F A V R E R M K L
Q V I N C E L O M B A R D I O J C C T Y
X L Q M T M Y J F T D W K M E I L I I L
Y A S J I Z P B I C J I R D X F A O H A
H E N R Y J O R D A N L E O Z G R F Z M
N V I G G T X J V F B L G N B F K U E B
B O B B Y D I L L O N I G H T O E S C E
Q E G T D Q H S H W F E I U O R H A V A
X W D Q L L S M U H Q D E T N R I L U U
W E J F Q F D S G C U A W S Y E N A O Z
P J G K T E P I V U D V H O C S K V C C
O F P Y G R A T U M I I I N A T L H A C
O B Y V U E E H I F Z S T U N G E B Z Y
J E R R Y K R A M E R G E Y A R Q L Z B
G D F C Z C A L H U B B A R D E V I L O
B K Q P N N H F O R K O A F E G G S M K
S P A U L H O R N U N G T T O G T P Q V
```

Vince Lombardi

Curly Lambeau

Bobby Dillon

Jerry Kramer

Don Hutson

Willie Davis

Henry Jordan

Tony Canadeo

Reggie White

Cal Hubbard

Forrest Gregg

Mike Michalske

Clarke Hinkle

Paul Hornung

Brett Favre

Puzzle 23: Pittsburgh Steelers is the oldest franchise in the AFC; they are also one of the most successful ones with 6 Super Bowl titles. Can you name the club's best players?

```
X  S  V  J  O  H  N  S  T  A  L  L  W  O  R  T  H  I  P  A  N  H  D  M
H  A  T  H  M  V  J  S  A  N  R  J  Q  H  V  J  W  H  P  R  T  C  Y  E
B  P  K  X  T  R  O  Y  P  O  L  A  M  A  L  U  S  U  C  Z  G  B  J  L
D  Z  S  N  Q  Q  X  C  J  J  D  F  R  A  N  C  O  H  A  R  R  I  S  B
X  R  Z  Q  D  N  B  F  T  M  V  C  W  V  S  S  Q  J  Q  C  Q  I  D  L
X  O  L  B  D  K  J  J  A  C  K  L  A  M  B  E  R  T  Z  W  Z  O  T  O
R  N  F  J  F  O  B  G  P  J  L  L  P  G  F  H  Q  T  A  X  F  H  X  U
B  F  R  Q  S  K  I  F  A  O  O  B  X  O  B  I  V  T  C  N  I  I  Z  N
E  M  M  S  I  L  E  O  J  O  E  G  R  E  E  N  E  F  S  X  B  Q  H  T
N  T  I  J  B  R  J  F  G  K  H  H  Q  Z  E  E  B  Z  E  A  A  U  C  G
R  M  K  Y  Y  C  M  N  A  W  Y  Y  Y  E  S  S  X  W  E  B  E  V  M  D
O  Z  E  X  R  K  V  U  G  U  C  N  V  L  G  W  A  J  A  C  K  H  A  M
E  J  W  X  U  Z  B  F  T  C  T  D  I  A  W  A  K  I  C  M  Z  V  Q  E
T  E  E  C  J  K  Z  M  J  Q  G  I  Q  W  G  R  F  S  L  V  S  Q  F  J
H  R  B  C  G  L  E  N  W  F  S  U  F  L  P  D  H  F  X  N  Z  R  Q  M
L  O  S  S  P  C  P  E  O  T  J  A  M  E  S  H  A  R  R  I  S  O  N  H
I  M  T  W  T  Z  T  T  C  Q  P  Q  N  U  K  O  P  Q  J  A  M  B  D  D
S  E  E  M  Q  A  H  X  H  P  I  M  U  W  X  F  N  Z  A  B  G  V  Q  U
B  B  R  I  W  A  M  Y  E  H  U  W  P  I  T  G  G  S  N  W  X  I  R  P
E  E  S  L  G  T  H  O  L  Y  N  N  S  W  A  N  N  V  G  N  F  L  Q  L
R  T  G  P  D  E  T  E  R  R  Y  B  R  A  D  S  H  A  W  I  I  R  T  K
G  T  U  W  K  D  O  Z  B  N  F  F  H  V  R  O  D  W  O  O  D  S  O  N
E  I  U  A  C  Z  Q  P  T  B  C  K  T  E  P  L  Q  B  O  C  M  C  R  T
R  S  U  A  O  V  S  V  T  X  W  P  W  R  A  J  P  B  Z  A  R  V  O  H
```

James Harrison	Rod Woodson
Lynn Swann	Mel Blount
John Stallworth	Ben Roethlisberger
Mike Webster	Franco Harris
Troy Polamalu	Terry Bradshaw
Hines Ward	Jack Lambert
Jack Ham	Joe Greene
Jerome Bettis	

Puzzle 24: New England Patriots, with the combined might of Bill Belichick and Tom Brady, have become one of the greatest teams in NFL history with 11 division titles and 6 Super Bowl titles. Can you name the club's Hall of Famers?

```
U  W  G  J  K  Q  M  C  S  T  E  V  E  G  R  O  G  A  N  H  G
Q  O  O  I  A  Y  E  P  R  F  L  K  L  E  O  N  G  R  A  Y  I
G  S  A  M  C  U  N  N  I  N  G  H  A  M  X  X  Z  A  N  E  Z
G  R  M  L  E  V  I  T  O  P  A  R  I  L  L  I  L  A  U  S  A
Q  O  O  E  U  H  V  O  Z  W  O  W  W  S  I  R  M  N  W  G  X
M  D  C  E  J  O  H  N  H  A  N  N  A  H  P  M  T  Y  M  F  P
S  N  Q  H  L  R  B  I  L  L  Y  S  U  L  L  I  V  A  N  M  H
B  E  G  U  Y  Y  N  R  T  E  W  N  O  U  F  Z  D  S  L  D  S
O  Y  H  N  O  O  R  F  J  A  M  I  K  E  H  A  Y  N  E  S  H
B  H  I  T  I  V  J  N  K  N  B  H  H  C  N  V  O  H  A  U  X
D  A  J  T  G  H  I  P  C  D  R  E  W  B  L  E  D  S  O  E  M
E  R  L  B  R  U  C  E  A  R  M  S  T  R  O  N  G  V  F  P  A
E  R  D  H  U  Y  W  H  J  E  O  P  K  P  Y  R  L  Q  L  U  T
L  I  M  K  D  C  J  Q  U  T  Y  K  R  B  Y  C  B  H  K  F  T
I  S  X  K  Y  M  B  J  R  I  M  J  N  O  K  K  N  K  H  R  L
B  O  V  O  F  F  W  I  Y  P  A  R  A  L  R  Y  C  F  G  M  I
C  N  P  F  A  W  D  S  T  P  P  X  Z  N  P  N  E  U  C  Y  G
D  Q  B  H  H  N  F  F  X  E  O  K  V  W  K  M  K  W  U  H  H
P  G  C  K  E  U  B  T  N  T  E  D  Y  B  R  U  S  C  H  I  T
M  E  R  S  J  K  T  K  U  T  Y  O  Y  R  I  S  G  G  R  Q  G
G  L  Z  G  J  D  P  W  W  I  Q  O  L  L  O  Q  P  D  X  F  L
```

John Hannah
Jim Lee Hunt
Bob Dee
Drew Bledsoe
Rodney Harrison
Leon Gray
Matt Light
Tedy Bruschi

Sam Cunningham
Andre Tippett
Vito Parilli
Mike Haynes
Steve Grogan
Bruce Armstrong
Billy Sullivan

Puzzle 25: New York Giants rank third among all NFL franchises with eight NFL championship titles; the Giants also made the most championship appearances than any other teams. Can you name the club's greatest players?

```
P  B  V  P  J  F  K  V  M  J  H  D  Y  O  E  R  P  M  S  P  U
E  W  X  R  Z  A  M  M  Y  V  E  T  L  O  Y  Q  S  Z  R  Q  L
M  N  M  J  T  R  K  A  F  J  P  O  S  U  K  U  J  Y  O  B  A
L  C  P  G  W  I  Y  J  S  A  M  H  U  F  F  Z  Z  N  S  Z  W
E  O  O  Z  O  W  B  V  Z  N  R  R  C  T  O  M  F  W  E  P  R
N  M  I  C  H  A  E  L  S  T  R  A  H  A  N  D  X  M  Y  E  E
T  X  A  W  R  O  C  R  P  K  G  I  Z  U  H  Z  X  R  B  J  N
U  D  K  X  C  F  A  O  T  J  B  I  M  Y  B  O  S  H  R  T  C
N  H  N  M  F  O  F  R  A  N  K  G  I  F  F  O  R  D  O  A  E
N  S  E  X  L  O  F  T  B  L  J  N  R  M  C  A  L  X  W  U  T
E  Y  X  F  X  Q  H  S  S  I  Z  W  I  M  C  N  T  E  N  L  A
L  S  X  G  E  R  A  U  J  U  U  B  R  V  G  Q  T  T  L  G  Y
L  O  H  S  C  M  R  G  O  M  Q  T  B  G  C  S  G  N  O  L  L
U  B  B  M  Q  D  R  N  F  E  H  U  M  C  R  X  P  F  X  M  O
O  L  Q  X  Z  M  Y  B  W  U  M  A  T  O  M  Z  U  Z  Z  X  R
M  T  E  P  L  E  C  A  N  D  Y  R  O  B  U  S  T  E  L  L  I
B  F  G  Z  Y  L  A  F  S  W  Z  O  N  J  X  L  U  I  K  O  M
M  Q  S  A  B  H  R  T  A  E  H  Z  K  J  C  R  J  I  F  A  N
R  C  N  U  X  E  S  N  Y  Z  E  L  I  M  A  N  N  I  N  G  U
S  N  H  Y  G  I  O  E  P  M  X  S  Y  X  P  N  F  F  I  D  O
R  Z  M  A  D  N  N  U  W  G  B  I  W  O  X  L  Z  K  J  C  M
```

Harry Carson
Sam Huff
Frank Gifford
Emlen Tunnell
Andy Robustelli

Michael Strahan
Rosey Brown
Eli Manning
Mel Hein
Lawrence Taylor

Puzzle 26: The Las Vegas Raiders have got their own share of glory with 4 AFC Championships, 1 AFL Championships and 3 Super Bowl titles. Can you name their Hall of Famers?

```
H  O  W  I  E  L  O  N  G  G  J  N  J  J  T  F  Q  K  F  T
E  K  H  E  O  X  D  Q  P  E  A  K  B  O  D  F  B  H  J  X
G  J  L  S  A  L  D  A  V  I  S  D  K  H  P  L  W  K  Z  I
E  U  F  G  A  M  K  Z  Y  K  Z  Y  E  N  Y  H  V  E  P  F
O  P  J  B  X  D  T  P  I  W  K  G  N  M  G  A  X  R  W  U
R  B  T  M  R  D  L  G  J  O  X  B  S  A  H  L  L  I  T  Q
G  V  Y  Q  Q  R  A  E  V  V  N  I  T  D  H  C  E  C  W  N
E  M  D  U  T  V  H  Z  S  Q  I  N  A  D  O  S  W  D  D  A
B  R  A  N  D  Y  M  O  S  S  P  J  B  E  X  X  G  I  A  T
L  K  U  Z  G  Q  Z  R  F  R  C  E  L  N  O  I  I  C  V  D
A  Y  P  O  J  E  R  R  Y  R  I  C  E  H  T  N  U  K  E  J
N  Q  P  M  R  F  X  K  W  L  F  X  R  U  O  A  H  E  C  M
D  O  K  J  H  P  L  B  S  K  L  J  S  G  I  U  K  R  A  I
A  D  P  C  M  T  I  M  B  R  O  W  N  F  P  W  P  S  S  T
C  J  A  F  E  O  O  Y  F  B  A  R  R  W  O  O  W  O  P  C
A  J  U  H  I  P  Z  R  O  N  M  I  X  H  Q  V  S  N  E  O
X  R  F  X  N  I  W  B  R  O  N  W  O  L  F  G  H  A  R  C
O  H  U  A  A  G  X  P  G  W  A  R  R  E  N  S  A  P  P  E
R  A  Y  G  U  Y  M  Z  U  R  S  T  T  P  R  E  M  H  P  J
N  J  K  R  X  Z  K  Z  G  E  N  E  U  P  S  H  A  W  P  P
```

Randy Moss	Ray Guy
Ken Stabler	Warren Sapp
John Madden	Jerry Rice
Al Davis	Dave Casper
Ron Mix	Eric Dickerson
George Blanda	Gene Upshaw
Ron Wolf	Howie Long
Tim Brown	

Puzzle 27: Denver Broncos, while tied with the Raiders for the number of Super Bowl titles, have got 8 AFC Championships under their belts. Do you know who is in their Ring of Fame?

```
I  M  H  I  P  Q  S  N  D  N  F  Z  K  Z  F  O  Z  C  S  P  E
J  C  Q  Z  X  Z  J  Y  W  S  U  N  S  B  T  V  N  R  T  J  T
I  T  H  T  X  N  Q  O  Z  T  V  D  W  T  J  L  W  A  E  A  D
T  P  E  Z  L  M  T  O  M  J  A  C  K  S  O  N  M  N  V  X  H
O  E  K  W  T  Y  C  G  H  S  N  X  W  Z  H  J  J  D  E  H  G
P  Y  T  D  L  J  O  H  N  E  L  W  A  Y  N  U  E  Y  A  U  T
F  Y  F  F  U  H  M  I  P  L  R  T  E  S  L  D  E  G  T  G  E
B  S  Z  E  Y  X  O  N  A  N  E  V  P  H  Y  R  T  R  W  O  R
C  A  E  P  L  K  B  X  T  P  D  C  Z  A  N  G  Z  A  A  O  R
X  O  J  O  H  F  I  Q  B  W  M  K  H  N  C  E  Q  D  T  S  E
N  Y  U  N  R  F  L  O  O  Y  I  C  Z  N  H  R  B  I  E  E  L
G  R  K  A  H  L  L  J  W  E  L  H  I  O  Z  A  B  S  R  G  L
W  B  H  R  M  O  Y  B  L  G  L  A  Z  N  C  L  O  H  T  O  D
M  Y  J  P  R  Y  T  Y  E  M  E  M  Y  S  A  D  U  A  A  N  A
A  H  M  Y  M  D  H  Q  N  Q  R  P  U  H  B  P  C  R  Q  S  V
S  F  D  A  D  L  O  A  D  T  T  B  E  A  U  H  C  D  V  O  I
G  A  R  Y  Z  I  M  M  E  R  M  A  N  R  A  I  J  I  F  U  S
K  W  M  N  A  T  P  O  J  N  N  I  J  P  N  P  W  Y  N  L  P
I  Y  X  T  V  T  S  W  O  C  C  L  R  E  M  P  R  I  N  I  U
W  X  W  K  C  L  O  Q  P  P  R  E  G  R  Y  S  M  B  E  N  K
P  L  M  S  X  E  N  P  H  Y  B  Y  O  S  T  L  N  O  T  R  E
```

John Elway	Red Miller
Gary Zimmerman	John Lynch
Floyd Little	Goose Gonsoulin
Shannon Sharpe	Gerald Phipps
Terrell Davis	Billy Thompson
Champ Bailey	Tom Jackson
Pat Bowlen	Randy Gradishar
Steve Atwater	

Puzzle 28: The Dallas Cowboys isn't just the most valuable sports team in the world. They also made it into the Super Bowl 8 times and won 5 titles out of those appearances. Can you name the club's best players?

```
X  Z  W  E  D  M  P  W  K  F  Q  H  S  L  D  H  A  I  C  W
L  E  D  P  E  D  Y  M  E  L  R  E  N  F  R  O  G  O  A  F
P  M  V  T  M  S  T  W  I  T  O  N  Y  D  O  R  S  E  T  T
F  M  R  X  A  K  T  D  I  S  E  L  H  P  A  Z  U  B  S  G
E  I  C  O  R  G  R  O  G  E  R  S  T  A  U  B  A  C  H  J
S  T  S  I  C  L  G  C  M  I  C  H  A  E  L  I  R  V  I  N
V  T  H  Y  U  A  O  J  M  W  O  Z  J  O  P  T  A  U  M  C
P  S  H  S  S  R  T  O  N  Y  R  O  M  O  O  J  M  M  U  H
U  M  N  K  W  R  D  H  N  S  P  G  B  W  L  V  Z  T  U
M  I  H  P  A  Y  M  C  N  H  E  Q  R  O  H  L  M  Q  Y  C
S  T  G  X  R  A  P  X  F  G  L  B  O  B  L  I  L  L  Y  K
Z  H  Q  R  E  L  L  V  T  R  L  M  Q  H  J  E  J  R  S  H
T  Z  P  G  A  L  X  D  P  A  G  T  V  A  H  L  D  Z  F  O
Q  O  J  R  C  E  P  J  O  B  R  P  Q  Y  K  Y  T  B  O  W
H  D  E  I  O  N  S  A  N  D  E  R  S  E  F  L  G  B  A  L
B  F  M  L  P  H  D  I  A  L  E  R  B  S  J  M  S  N  V  E
F  X  T  S  O  I  K  I  G  J  N  D  S  E  B  P  Z  K  B  Y
R  X  T  Y  I  V  S  Z  Z  T  R  O  Y  A  I  K  M  A  N  A
T  H  G  E  R  V  M  Z  C  Y  Q  I  F  O  U  W  J  W  J  B
L  N  N  W  Y  K  D  I  R  A  N  D  Y  W  H  I  T  E  D  F
```

Cornell Green
Deion Sanders
Bob Hayes
Mel Renfro
Larry Allen
Tony Romo
DeMarcus Ware
Chuck Howley

Bob Lilly
Randy White
Troy Aikman
Michael Irvin
Tony Dorsett
Emmitt Smith
Roger Staubach

Puzzle 29: The San Francisco 49ers have been division champions for 20 times; they also played in 7 Super Bowls and got 5 championships for their efforts. Can you name the team's Hall of Famers?

```
X G J S S W N B J H O D N A X G K Y N J P M N H Y
I E D W A R D J D E B A R T O L O J R D I V P O E
E E R D C X T Q C S J R V J W M S T C M J D N K D
B Y B Q Q R C W K H N R H J D X V F R F S L A V I
Z T U U Q C F R E D D E A N K V I H P B Z F R Q N
V K Y U B H D S L T Z R O T S T E V E Y O U N G I
M E A B N A N P C I U B P A D S L H H K D P C U P
C Y T P T R L M O X H U G H M C E L H E N N Y U H
Z J I E O L P T Q B Y O L L X B P E L F N M H J A
Z D T N D E D R O N N I E L O T T N J B C Y D L S
H J T S I S N M R W G A T E R R E L L O W E N S M
Y F L V V H Y W H C E O G T G I F J C W C P M G S
H B E M X A H T H M Y U V J I M M Y J O H N S O N
S I Q H Z L W F I Y B Q U V L C D K A N Q Q N R S
V L F R J E U Z D I F V D L E V A V X U Z I G F N
J L J L O Y Q M S B S R I I O J V O I K A L A F X
F W P J E W Z E Y O E V W R N H E S W P I Y C L X
M A M R P K X Y N B V S K E O O W A C P R R I M Y
D L I X E K Y P L S S G J E M A I T N H U D P C E
E S D K R H Q K C T X W U P E G L E V X S Z T H K
N H G Z R J I D C C Y S M U L D C C H Y Q R N P N
X A E S Y W Q W D L M S V I L V O P S M S Y U Z L
R V I V N E I S Q A I P R Q I B X T B B B F I S Z
J J I A N Q N P A I G X H B N J F D I K V T D E F
W T A Z Y X W T J R W M F B I J O E M O N T A N A
```

Steve Young
Y. A. Tittle
Joe Montana
Joe Perry
Jimmy Johnson
Hugh McElhenny
Ronnie Lott
Dave Wilcox

Leo Nomellini
Fred Dean
Bob St. Clair
Terrell Owens
Charles Haley
Bill Walsh
Edward J. DeBartolo Jr.

Puzzle 30: The center position in the NFL is one that usually goes unnoticed, but it is extremely important to the success of an offense. Can you name the best centers of the NFL?

```
J  D  W  I  G  H  T  S  T  E  P  H  E  N  S  O  N  Y  I  C  G  F  X  F  W
I  R  P  K  F  I  V  Q  G  E  O  R  G  E  T  R  A  F  T  O  N  I  A  H  I
M  K  V  Y  P  W  U  N  H  Z  T  M  S  J  E  Q  B  L  D  M  X  D  V  A  O
R  Y  X  L  A  S  S  F  K  J  F  Z  J  I  M  O  T  T  O  V  C  J  O  B  U
I  B  Z  E  S  S  Y  X  K  O  J  R  L  C  F  L  Z  M  C  Z  V  G  J  C  D
N  T  W  B  K  O  K  T  X  P  I  V  Z  R  H  Z  K  Y  H  Y  S  B  F  V  E
G  R  O  F  U  W  X  O  X  U  I  L  X  V  Y  C  Q  A  W  R  Q  X  O  B  R
O  S  R  V  W  O  M  U  X  T  Z  O  F  N  M  H  M  E  V  N  X  Z  X  P  M
T  B  L  P  O  U  C  L  Y  D  E  B  U  L  L  D  O  G  T  U  R  N  E  R  O
V  Z  I  V  K  R  L  R  O  M  B  M  R  L  T  E  K  I  K  K  K  H  A  R  N
P  S  Q  J  I  M  L  A  N  G  E  R  N  U  T  F  S  U  S  I  Z  X  T  R  T
K  N  D  W  X  F  Q  T  M  P  H  H  X  C  Y  R  K  K  W  U  R  V  B  P  T
Q  L  J  O  F  N  N  G  A  E  R  K  I  F  A  A  R  G  H  X  S  L  L  N  I
I  O  R  V  W  M  A  U  O  C  T  Q  F  B  Q  N  A  J  P  F  L  I  J  U  D
W  J  B  R  J  P  V  A  M  Y  C  G  Y  W  F  K  T  X  J  O  P  D  J  Y  A
D  A  S  X  M  N  O  M  K  H  P  R  U  I  W  G  J  C  L  P  B  Y  L  J  W
F  Z  U  Z  Y  I  G  F  F  B  C  V  Y  W  F  A  Y  T  G  U  I  D  J  J  S
F  E  P  O  Y  O  D  E  L  A  N  P  R  U  T  P  U  J  M  Y  S  H  M  O
A  Z  Q  S  N  G  N  W  N  C  D  Z  I  O  Z  S  M  E  L  H  E  I  N  Q  N
J  W  L  V  L  Q  U  Q  Z  Q  M  J  O  E  U  K  X  G  A  J  F  J  G  Q  D
P  Z  U  H  E  B  E  X  F  U  K  X  P  D  M  I  K  E  W  E  B  S  T  E  R
C  T  M  Y  V  U  S  D  N  S  L  L  Q  E  M  N  H  B  O  W  H  F  K  U  F
F  P  U  N  V  S  I  P  U  P  H  W  Z  D  E  O  E  V  V  N  T  G  Z  K  J
X  V  H  G  U  M  U  P  O  V  V  X  C  B  B  B  H  A  C  V  T  R  E  V  Q
G  D  U  H  G  H  C  I  T  I  J  U  C  I  Y  B  T  S  H  B  N  S  A  L  R
```

Dermontti Dawson	George Trafton
Frank Gatski	Dwight Stephenson
Jim Langer	Jim Ringo
Mel Hein	Jim Otto
Clyde "Bulldog" Turner	Mike Webster

Missing Vowels Puzzles

Puzzle 1: There are periods when even the best clubs weren't at their best. Can you name the year and its worst clubs?

1973 H _ _ st _ n _ _ l _ rs

2009 St. L _ _ _ s R _ ms

1944 Ch _ c _ g _ -P _ ttsb _ rgh C _ rp _ ts

1980 N _ w _ rl _ _ ns S _ _ nts

1952 D _ ll _ s T _ x _ ns

2008 D _ tr _ _ t L _ _ ns

1991 _ nd _ _ n _ p _ l _ s C _ lts

1981 B _ lt _ m _ r _ C _ lts

2007 M _ _ m _ D _ lph _ ns

1942 D _ tr _ _ t L _ _ ns

1960 D _ ll _ s C _ wb _ _ s

1996 N _ w _ _ rk J _ ts

1990 N _ w _ ngl _ nd P _ tr _ _ ts

1976 T _ mp _ B _ _ B _ cc _ n _ _ rs

2001 C _ r _ l _ n _ P _ nth _ rs

Puzzle 2: Can you name the best wild card teams in NFL history?

2009 N _ w _ _ rk J _ ts

1992 B _ ff _ l _ B _ lls

1986 W _ sh _ ngt _ n R _ dsk _ ns

1997 D _ nv _ r Br _ nc _ s

2005 C _ r _ l _ n _ P _ nth _ rs

1983 S _ _ ttl _ S _ _ h _ wks

2007 N _ w _ _ rk G _ _ nts

2005 P _ ttsb _ rgh St _ _ l _ rs

1975 D _ ll _ s C _ wb _ _ s

2000 B _ lt _ m _ r _ R _ v _ ns

1985 N _ w _ ngl _ nd P _ tr _ _ ts

1996 J _ cks _ nv _ ll _ J _ g _ _ rs

1980 _ _ kl _ nd R _ _ d _ rs

1999 T _ nn _ ss _ _ T _ t _ ns

2008 Ph _ l _ d _ lph _ _ _ _ gl _ s

Puzzle 3: What are the best NFL matches in history?

2000 St. L _ _ _ s R _ ms vs. T _ nn _ ss _ _ T _ t _ ns

1988 Cl _ v _ l _ nd Br _ wns vs. D _ nv _ r Br _ nc _ s

1975 D _ ll _ s C _ wb _ _ s vs. M _ nn _ s _ t _ V _ k _ ngs

1958 B _ lt _ m _ r _ C _ lts vs. N _ w _ _ rk G _ _ nts

2008 N _ w _ _ rk G _ _ nts vs. N _ w _ ngl _ nd P _ tr _ _ ts.

1991 B _ ff _ l _ B _ lls vs. N _ w _ _ rk G _ _ nts

1977 _ _ kl _ nd R _ _ d _ rs vs. B _ lt _ m _ r _ C _ lts

1971 M _ _ m _ D _ lph _ ns vs. K _ ns _ s C _ t _ Ch _ _ fs

1972 _ _ kl _ nd R _ _ d _ rs vs. P _ ttsb _ rgh St _ _ l _ rs

1982 D _ ll _ s C _ wb _ _ s vs. S _ n Fr _ nc _ sc _ 49 _ rs

1993 H _ _ st _ n _ _ l _ rs vs. B _ ff _ l _ B _ lls

1967 D _ ll _ s C _ wb _ _ s vs. Gr _ _ n B _ _ P _ ck _ rs

2002 _ _ kl _ nd R _ _ d _ rs vs. N _ w _ ngl _ nd P _ tr _ _ ts

1987 D _ nv _ r Br _ nc _ s vs. Cl _ v _ l _ nd Br _ wns

1982 S _ n D _ _ g _ Ch _ rg _ rs vs. M _ _ m _ D _ lph _ ns

Puzzle 4: The Super Bowl is meant to be a
battle between the two best teams in football.
Do you think below are the best Super Bowl
games of all time?

1989 49 _ rs vs. B _ ng
_ ls

1969 C _ lts vs. J _ ts

1979 St _ _ l _ rs vs. C _
wb _ _ s

2000 R _ ms vs. T _
t _ ns

2009 C _ rd _ n _ ls vs.
St _ _ l _ rs

2008 P _ tr _ _ ts vs.
G _ _ nts

2015 S _ _ h _ wks vs. P
_ tr _ _ ts

1991 G _ _ nts vs. B
_ lls

2017 F _ lc _ ns vs. P _
tr _ _ ts

2002 P _ tr _ _ ts vs.
R _ ms

Puzzle 5: There's probably not a position more overlooked and more taken for granted than offensive guard (OG). Can you name the best unsung OGs in NFL history?

J _ rr _ Kr _ m _ r

G _ n _ _ psh _ w

J _ _ D _ L _ m _ _ ll _ _ r
_

R _ nd _ ll McD _ n _ _ l

St _ v _ H _ tch _ ns _ n

J _ hn H _ nn _ h

R _ ss Gr _ mm

L _ rr _ _ ll _ n

M _ k _ M _ nch _ k

T _ m M _ ck

Puzzle 6: The offensive tackles (OT) are the most important players on the offensive line because they protect the quarterback. Can you name the top OTs heading into the 2020 season?

M _ k _ McGl _ nch _ _

T _ rr _ n _ rmst _ _ d

_ nth _ n _ C _ st _ nz _

T _ _ l _ r L _ w _ n

_ rl _ nd _ Br _ wn Jr.

Tr _ nt Br _ wn

M _ tch _ ll Schw _ rtz

L _ n _ J _ hns _ n

L _ _ l C _ ll _ ns

R _ nn _ _ St _ nl _ _

L _ r _ m _ T _ ns _ l

D _ v _ d B _ kht _ _ r _

T _ r _ n Sm _ th

Tr _ nt W _ ll _ _ ms

R _ _ n R _ mcz _ k

Puzzle 7: A quarterback (QB) is arguably the most important position of the team in that his team's progress down the field is dependent on his success. Can you name the top QBs of 2020?

J _ mm _ G _ r _ pp _ l _

T _ m Br _ d _

Dr _ w Br _ _ s

D _ sh _ _ n W _ ts _ n

_ _ r _ n R _ dg _ rs

C _ rs _ n W _ ntz

L _ m _ r J _ cks _ n

R _ ss _ ll W _ ls _ n

R _ _ n T _ nn _ h _ ll

C _ m N _ wt _ n

K _ rk C _ _ s _ ns

P _ tr _ ck M _ h _ m _ s

D _ k Pr _ sc _ tt

M _ tt R _ _ n

M _ tth _ w St _ ff _ rd

Puzzle 8: Running backs (HB/FB) are the ones who receive the ball from the quarterback and make a rushing play. Can you name the 10 best running backs of all time?

T _ n _ D _ rs _ tt

M _ rsh _ ll F _ _ lk

L _ D _ _ n _ _ n T _ ml _ ns _ n

_ dr _ _ n P _ t _ rs _ n

_ mm _ tt Sm _ th

W _ lt _ r P _ _ t _ n

_ r _ c D _ ck _ rs _ n

B _ rr _ S _ nd _ rs

J _ m Br _ wn

Fr _ nc _ H _ rr _ s

Puzzle 9: Wide receivers (WR) usually have to be fast and tall in order to get open and re-ceives passes. Can you name the top WRs of the 2020 season?

M _ k _ _ v _ ns

J _ l _ _ J _ n _ s

_ m _ r _ C _ _ p _ r

_ ll _ n R _ b _ ns _ n

D _ _ ndr _ H _ pk _ ns

C _ _ rtl _ nd S _ tt _ n

_ .J. Br _ wn

D _ V _ nt _ P _ rk _ r

K _ _ n _ n _ ll _ n

D _ v _ nt _ _ d _ ms

D.J. M _ _ r _

T _ r _ _ k H _ ll

M _ ch _ _ l Th _ m _ s

Chr _ s G _ dw _ n

T _ l _ r L _ ck _ tt

Puzzle 10: Tight end (TE) is considered a cross between a wide receiver and an offensive lineman. Are these players your top-10 TE picks for the 2020 season?

J _ r _ d C _ _ k

H _ nt _ r H _ nr _

_ _ st _ n H _ _ p _ r

G _ _ rg _ K _ ttl _

M _ rk _ ndr _ ws

D _ rr _ n W _ ll _ r

Tr _ v _ s K _ lc _

R _ b Gr _ nk _ wsk _

T _ l _ r H _ gb _ _

Z _ ch _ rtz

Puzzle 11: Sometimes, the best offense is the best defense. Can you name the best Defensive Interior (DI) of the 2020 season?

_ _ r _ n D _ n _ ld

D.J. R _ _ d _ r

G _ n _ _ tk _ ns

Chr _ s J _ n _ s

M _ tt _ _ _ nn _ d _ s

J _ rr _ ll C _ s _ _

K _ w _ nn Sh _ rt

Fl _ tch _ r C _ x

C _ m _ r _ n H _ _ w _ rd

D _ m _ n Sn _ cks H _ rr _ s _ n

J _ v _ n H _ rgr _ v _

K _ nn _ Cl _ rk

D _ F _ r _ st B _ ckn _ r

_ k _ _ m H _ cks

Gr _ d _ J _ rr _ tt

Puzzle 12: Linebackers play behind the defensive line to rush the passer, defend against a run, etc. Can you name 2020's lineup of top linebackers?

C _ r _ L _ ttl _ t _ n   D _ m _ r _ _ D _ v _ s

J _ _ l _ n Sm _ th   D _ r _ _ s L _ _ n _ rd

D _ _ _ n J _ n _ s   B _ bb _ W _ gn _ r

Fr _ d W _ rn _ r   L _ v _ nt _ D _ v _ d

_ r _ c K _ ndr _ cks   J _ m _ _ C _ ll _ ns Sr.

Puzzle 13: Cornerback's (CB) main duty is to intercept airborne passes and contain the opponent's runners by diversion or tackling them. Can you name 10 of the top CBs of the 2020 season?

St _ ph _ n G _ lm _ r _

C _ s _ _ H _ _ w _ rd Jr.

Tr _ 'D _ v _ _ _ s Wh _ t _

J _ s _ n McC _ _ rt _

J.C. J _ cks _ n

D _ nz _ l W _ rd

R _ ch _ rd Sh _ rm _ n

B _ r _ n J _ n _ s

D _ r _ _ s Sl _ _

M _ rc _ s P _ t _ rs

Puzzle 14: The safeties are the last line of defense; they are the furthest from the line of scrimmage and protect from run plays and deep-passes. Do you know any of the top safeties from the current season?

X _ v _ _ r W _ _ ds

M _ rc _ s W _ ll _ _ ms

_ nth _ n _ H _ rr _ s

M _ nk _ h F _ tzp _ tr _ ck

D _ v _ n McC _ _ rt _

_ _ rl Th _ m _ s _ _ _

K _ v _ n B _ _ rd

J _ st _ n S _ mm _ ns

_ dd _ _ J _ cks _ n

H _ rr _ s _ n Sm _ th

Puzzle 15: A team's best defensive back is often employed as the slot defender as they have the skill set best suited for the job. Can you name the top slot defenders as of 2020?

K'W _ _ n W _ ll _ _ ms

N _ ck _ ll R _ b _ _ -C _ l _ m _ n

M _ ck _ ns _ _ _ l _ x _ nd _ r

Chr _ s H _ rr _ s Jr.

D.J. H _ _ d _ n

M _ lc _ lm J _ nk _ ns

Br _ _ n P _ _ l _

C.J. G _ rdn _ r-J _ hns _ n

T _ r _ nn M _ th _ _ _

Tr _ m _ n W _ ll _ _ ms

Word Scrambles Puzzles

Puzzle 1: Can you name the clubs that currently belong to the AFC?

osnoeTxau Hnst = _____

Esol dPte Nwgirtnana = _____

Cisi KaCeat shsynf = _____

nallwCrvBeendso = _____

ie raVsseRadsLag = _____

n esBcnoovrreD = _____

racuaJeli Jkslgasvon = _____

ttSu eelisebrPsrtgh = _____

nelAoggsrerhaL se Cs = _____

T tnsTseeasneien = _____

Ctsnnlaaoipsild ol = _____

lalBBsol fuif = _____

gBnitc nCieansilan = _____

eNeks YJ rtwo = _____

evnmsBeraoRailt = _____

iiimMoashpnD l = _____

Puzzle 2: Can you name the cities that the AFC clubs represent?

tushigrtPb = _ _ _ _ _ _ _ _ _ _ _ _ _ _

cdhaPrrOrak = _ _ _ _ _ _ _ _ _ _ _ _ _ _

sCsiaKa ynt = _ _ _ _ _ _ _ _ _ _ _ _ _ _

ecnalkJsoliv = _ _ _ _ _ _ _ _ _ _ _ _ _ _

iltaermBo = _ _ _ _ _ _ _ _ _ _ _ _ _ _

Cninintaci = _ _ _ _ _ _ _ _ _ _ _ _ _ _

Fohboroxug = _ _ _ _ _ _ _ _ _ _ _ _ _ _

iNvshelal = _ _ _ _ _ _ _ _ _ _ _ _ _ _

sdaariPe = _ _ _ _ _ _ _ _ _ _ _ _ _ _

Mdmn ieisarGa = _ _ _ _ _ _ _ _ _ _ _ _ _ _

slalnidnoiap = _ _ _ _ _ _ _ _ _ _ _ _ _ _

levndaeCl = _ _ _ _ _ _ _ _ _ _ _ _ _ _

osonuHt = _ _ _ _ _ _ _ _ _ _ _ _ _ _

reneDv = _ _ _ _ _ _ _ _ _ _ _ _ _ _

lgdenwloo = _ _ _ _ _ _ _ _ _ _ _ _ _ _

s dEhftrauetoRr = _ _ _ _ _ _ _ _ _ _ _ _ _ _

Puzzle 3: Can you also name the home stadium of the clubs from the AFC?

R mNGiaudSt = _____

Altgelani = _____

FSio = _____

slBil = _____

aIBFeiAlkn ATd = _____

Hezleidn Fi = _____

tGitllee = _____

oaPrBu wnl = _____

kBTaMn = _____

awdehroAr = _____

tnyEigresrF = _____

r aHdkRco = _____

asNsni = _____

MHe gilhi = _____

MitfeeL = _____

sOLaiclu = _____

Puzzle 4: Can you name the clubs that play in the NFC?

giosnkV nniMisaet = _ _ _ _ _ _ _ _ _ _ _ _ _ _

i CzroAndranaalsi = _ _ _ _ _ _ _ _ _ _ _ _ _ _

tSewkaeaas tSelh = _ _ _ _ _ _ _ _ _ _ _ _ _ _

dieaaeila lEhsplPgh = _ _ _ _ _ _ _ _ _ _ _ _ _ _

rne Basky crGeePa = _ _ _ _ _ _ _ _ _ _ _ _ _ _

raPCelr nhnaasiot = _ _ _ _ _ _ _ _ _ _ _ _ _ _

sD eirtonLito = _ _ _ _ _ _ _ _ _ _ _ _ _ _

GotnYsir eN akw = _ _ _ _ _ _ _ _ _ _ _ _ _ _

Bchg Csaieroa = _ _ _ _ _ _ _ _ _ _ _ _ _ _

srsilS wtONe aaenn = _ _ _ _ _ _ _ _ _ _ _ _ _ _

Fo nsai9Srs cenca4r = _ _ _ _ _ _ _ _ _ _ _ _ _ _

TueerBmynca a sBacpa = _ _ _ _ _ _ _ _ _ _ _ _ _ _

ClyaDsbaoslwo = _ _ _ _ _ _ _ _ _ _ _ _ _ _

n eeo lsLaRssgmA = _ _ _ _ _ _ _ _ _ _ _ _ _ _

tclna anAFsltoa = _ _ _ _ _ _ _ _ _ _ _ _ _ _

g lentoTWohaam niablotsF = _ _ _ _ _ _ _ _ _ _ _ _ _ _

Puzzle 5: Can you name the cities which these clubs play for?

aTpam = _____

nointrgAl = _____

troeiDt = _____

rnGe eyBa = _____

arnat aCaSl = _____

nvdeLaor = _____

sfhdaRrr ouEtet = _____

pedllPaihahi = _____

aetthorCl = _____

aGedelnl = _____

wrenOsl aNe = _____

aettlSe = _____

tAlnata = _____

llowgedno = _____

hioagCc = _____

nopiseainlM = _____

Puzzle 6: Can you name the home stadiums of the NFC's clubs?

eMteLif = _ _ _ _ _ _ _ _ _ _ _ _ _

onnnccd iLaiialinFel lF = _ _ _ _ _ _ _ _ _ _ _ _ _

S.k BaUn. = _ _ _ _ _ _ _ _ _ _ _ _ _

m iBoceranka fA = _ _ _ _ _ _ _ _ _ _ _ _ _

eL'isv = _ _ _ _ _ _ _ _ _ _ _ _ _

oeRasJammnyd = _ _ _ _ _ _ _ _ _ _ _ _ _

FdiEFdxlee = _ _ _ _ _ _ _ _ _ _ _ _ _

luaibeFad emL = _ _ _ _ _ _ _ _ _ _ _ _ _

-zree seconeeBmpMSdeurd = _ _ _ _ _ _ _ _ _ _ _ _ _

d ldFFoeir = _ _ _ _ _ _ _ _ _ _ _ _ _

ta erSFmta = _ _ _ _ _ _ _ _ _ _ _ _ _

oFiS = _ _ _ _ _ _ _ _ _ _ _ _ _

seezreeMncB-d = _ _ _ _ _ _ _ _ _ _ _ _ _

inedkylC FtruniLe = _ _ _ _ _ _ _ _ _ _ _ _ _

TTA = _ _ _ _ _ _ _ _ _ _ _ _ _

F eelSdoiirdl = _ _ _ _ _ _ _ _ _ _ _ _ _

Puzzle 7: Can you name the greatest clubs in the NFL?

itlhbsrutgeeerPst S = _ _ _ _ _ _ _ _ _ _ _ _ _

h oirBsceCgaa = _ _ _ _ _ _ _ _ _ _ _ _ _

snoreBcDnorev = _ _ _ _ _ _ _ _ _ _ _ _ _

ainsis eVkMgntoni = _ _ _ _ _ _ _ _ _ _ _ _ _

iNlard tewE agotPnns = _ _ _ _ _ _ _ _ _ _ _ _ _

hansip liomDMi = _ _ _ _ _ _ _ _ _ _ _ _ _

s 4scF 9renianarocS = _ _ _ _ _ _ _ _ _ _ _ _ _

ktaGiesYr Nwno = _ _ _ _ _ _ _ _ _ _ _ _ _

sa PryrkBean eGce = _ _ _ _ _ _ _ _ _ _ _ _ _

R Lsseraea aidgVs = _ _ _ _ _ _ _ _ _ _ _ _ _

lSktheewa taaseS = _ _ _ _ _ _ _ _ _ _ _ _ _

flf ulBsaoBil = _ _ _ _ _ _ _ _ _ _ _ _ _

oainem evBasrRlt = _ _ _ _ _ _ _ _ _ _ _ _ _

bosoaDa Cwysll = _ _ _ _ _ _ _ _ _ _ _ _ _

otgnFhlaT Wo ebasonliatm = _ _ _ _ _ _ _ _ _ _ _ _ _

Puzzle 8: Did we mention the NFL has the most valuable clubs in the world? Can you name them?

seoA asmgLR senl = _____

J rYtkoeNswe = _____

xaT usHnetsono = _____

eriLsd gaRs Veaas = _____

cagrCBahieos = _____

olteihnFo s ntgaWolaTbma = _____

Faseicans Sorn 4rc9 = _____

Naokre GwYints = _____

nrsBcDoe oevrn = _____

g sEottl irennaawdNP = _____

wkesteeStahl Saa = _____

ltt shtgsePuiSrereb = _____

kaPsneare BGerc y = _____

ieaPglaEshipelhal d = _____

aobyCoasDlslw = _____

Puzzle 9: Can you name 15 of the NFL clubs that lead the regular season win–loss record percentage?

gossenitn ViiaMkn = _____

aYwG rikN teson = _____

antrisowNdt gEeal Pn = _____

itseCa nCiyaKssh f = _____

seronvnr ceDBo = _____

lmBoetR veasrian = _____

9ania4rSF ocesnrcs = _____

aaekecry eGr PBns = _____

lDsobo yasClaw = _____

miipMonash liD = _____

rteulr eSPbesittghs = _____

seiRaLse r saVagd = _____

saoldontiapC lilsn = _____

sr aCcBoghaie = _____

elatketashweSSa = _____

Puzzle 10: These are the 15 NFL with the most Super Bowl wins:

eroBta iRsnelavm = _____

sw e inakYrGtNo = _____

atgsEdtnrNi oPaw nle = _____

ftCias CeasyiKsnh = _____

sineanhdnoWtssiRkg = _____

bstirtelrshtPue eSg = _____

aMlisDnhim opi = _____

see RagdssLaVra i = _____

en ePBya cserarkG = _____

plonsatoiisl nCadl = _____

i asernnF4raS9csoc = _____

rn DsecovoBenr = _____

yoboD alslwCsa = _____

Puzzle 11: However, these are the teams with only 1 Super Bowl win or no win as all:

azlsArdCnnioraai = _____

cTaeamaeyBn asrcBu p = _____

NJer ws Yeotk = _____

TaTneenisesets n = _____

eCnntlicBsa gianin = _____

santahraniel orCP = _____

naN nweSteirlasOs = _____

osare CiBgach = _____

uofiB llfslaB = _____

dalaEglhPilee ihpas = _____

agssoLenRl sem A = _____

tteaaelwk aSshSe = _____

aiVsnMins gnoetki = _____

coFAtlaasltann = _____

eer shagegnoLrsAsC l = _____

Puzzle 12: Can you name the clubs that have made consecutive Super Bowl appearances?

PutteihrbesSs glret = _____

takSatwh laeseSe = _____

nrc nDeeBoorvs = _____

anta iewlEsgotPrndN = _____

rea4caSc sornFsin9 = _____

Pes aenky carreBG = _____

hDliini aompMs = _____

ffsaoBllBlui = _____

aCboaoDswllsy = _____

snndskaoe RtWigsnhi = _____

nkig tMVinosaeisn = _____

Puzzle 13: Can you name the cities that have hosted more than 1 Super Bowl?

dnGaleel = _____

ltAnaat = _____

Dain eSog = _____

mpTaa = _____

Nlresne aOw = _____

nosHout = _____

imMia = _____

lesAgnosLe = _____

itroDte = _____

ieilspannoM = _____

aandaseP = _____

Puzzle 14: Can you name the stadiums that have hosted the Super Bowl more than once?

RH cakdor = _____

lBgneOoarw = _____

RsleBo ow = _____

iLef = _____

rtF etaamS = _____

leanuT = _____

osael iCll eegsMiusrone omLmA = _____

emDoieragoG = _____

Tpmaa = _____

o RmaaesnmyJd = _____

utamSGiNdR = _____

CDSSUtdiCmua = _____

Puzzle 15: Alternatively, can you name the stadiums which only hosted 1 Super Bowl?

iPveont domlaircSe = _____

ttodum.rrHhe bHMeHupe ro emy = _____

ieftMeL = _____

dAitT SmauT = _____

viSeDunl = _____

IBi enlk FdaTAA = _____

kB.a.SUn = _____

-MdesBreeeznc = _____

iLe'sv = _____

dfotSanr = _____

icRe = _____

ilasLOcu = _____

oFiS = _____

F lFdedior = _____

Trivia Questions

1. In what year was the NFL founded?
A. 1920
B. 1924
C. 1927
D. 1930

2. This team is the only one that operates from its original city.
A. Green Bay Packers
B. New York Yankees
C. Chicago Bears
D. New England Patriots

3. The NFL has how many teams?
A. 24
B. 28
C. 36
D. 32

4. The NFL has how many divisions?
A. 2
B. 8
C. 4
D. 6

5. How many players are on each NFL team's roster?
A. 45
B. 53
C. 48
D. 59

6. In the NFL regular season, how many games are played?
A. 16
B. 12
C. 18
D. 14

7. How long is each quarter in a game?
A. 10
B. 15
C. 12
D. 16

8. When was overtime added to NFL games?
A. 1968
B. 1974
C. 1972
D. 1960

9. In every NFL game, how many referees are on the field officiating the game?
A. 4
B. 5
C. 6
D. 7

10. How many weeks are in a regular NFL season?
A. 15
B. 16
C. 17
D. 18

11. How many teams make it into the playoff season?
A. 6
B. 8
C. 10
D. 14

12. In what year did the American Football League merge with the NFL?
A. 1970
B. 1971
C. 1972
D. 1973

13. When was the first Super Bowl played?
A. 1920
B. 1935
C. 1967
D. 1952

14. In Super Bowl XXX, what Native American language was the first to be used to broadcast the game?
A. Navajo
B. Yupik
C. Sioux
D. Cherokee

15. Who is the winningest head coach in the NFL?
A. George Halas
B. Bill Belichick
C. Don Shula
D. Tom Landry

16. Which team was NOT in the NFL in the 1920s?
A. Chicago Bears
B. Pittsburgh Steelers
C. "Evolution"
D. "Samaritan Snare"

17. Which team has the most regular season wins in the NFL?
A. Chicago Bears
B. Green Bay Packers
C. New England Patriots
D. Cleveland Browns

18. Which team has the most postseason wins?
A. Green Bay Packers
B. St. Louis Cardinals
C. Pittsburgh Steelers
D. Dallas Cowboys

19. Which team has the most combined wins?
A. New England Patriots
B. Seattle Seahawks
C. Green Bay Packers
D. Chicago Bears

20. Which team has won the most NFL championships?
A. Florida Marlins
B. Green Bay Packers
C. New England Patriots
D. Chicago Bears

21. Which coach was the first to win three Super Bowls?
A. Chuck Noll
B. Bill Belichick
C. Don Shula
D. George Halas

22. Which coach has won the most Super Bowls?
A. Bill Belichick
B. Tom Coughlin
C. Vince Lombardi
D. Nick Saban

23. Which team has made the most Super Bowl appearances?
A. Baltimore Orioles
B. Dallas Cowboys
C. New England Patriots
D. Green Bay Packers

24. Which team has the only undefeated season, including the postseason and the Super Bowl?
A. New England Patriots
B. Miami Dolphins
C. Green Bay Packers
D. Arizona Cardinals

25. Who was the first player to have five Super Bowl Rings?
A. Tom Brady
B. Joe Montana
C. Dan Marino
D. Charles Haley

26. Who was the first player drafted in the first NFL draft in 1936?
A. Sammy Baugh
B. Bart Starr
C. Jay Berwanger
D. Don Hutson

27. Who was the first (and only so far) playing to win the Super Bowl MVP award from the losing team?
A. Chuck Howley
B. Desmond Howard
C. Jake Scott
D. Joe Montana

28. Which team scored the most points in a Super Bowl?
A. Green Bay Packers
B. New England Patriots
C. San Francisco 49ers
D. Indianapolis Colts

29. Which player holds the record for the most yards rushed at 18,355 yards?
A. Barry Sanders
B. Walter Payton
C. Emmitt Smith
D. Frank Gore

30. This player holds the record the most touchdown receptions.
A. Terrell Owens
B. Randy Moss
C. Jerry Rice
D. Cris Carter

31. This player holds the record for the most touchdown receptions in a single season.
A. Antonio Gates
B. Randy Moss
C. Jerry Rice
D. Terrell Owens

32. How many Heisman Trophy winners have also been the Super Bowl MVP?
A. None
B. 1
C. 2
D. 4

33. This kicker has the longest field goal in NFL history
A. Robbie Gould
B. Tom Dempsey
C. Jason Elam
D. Matt Prater

34. Which player holds the record for the most interceptions?
A. Dick Lane
B. Charles Woodson
C. Emlen Tunnell
D. Paul Krause

35. This player has the most passing touchdowns.
A. Brett Favre
B. Eli Manning
C. Dan Marino
D. Peyton Manning

36. How long must a player be retired before they're considered for the Pro Football Hall of Fame?
A. 1
B. 3
C. 4
D. 5

37. Which of the following teams were not part of the original NFL?
A. Chicago Bears
B. Miami Dolphins
C. Green Bay Packers
D. New York Giants

38. Who won the Super Bowl in 2019?
A. San Francisco 49ers
B. Oakland Raiders
C. New England Patriots
D. New York Giants

39. How many points is a touchdown worth?
A. 5
B. 2
C. 3
D. 6

40. How many points would you receive for scoring a field goal?
A. 1
B. 2
C. 3
D. 4

41. Which player receives the ball during a scrimmage?
A. Quarterback
B. Linebacker
C. Wide receiver
D. The coach

42. Which of the following was a made-up team name?
A. Columbus Panhandles
B. Dayton Triangles
C. Buffalo All-Americans
D. New York City Gentlemen

43. The Raiders have been based in Oakland and Los Angeles. Where did they move to in 2020?
A. Honolulu
B. Miami
C. Carlisle
D. Las Vegas

44. In 1993, what NFL team made off-season trades for Joe Montana and Marcus Allen?
A. Oakland Raiders
B. San Francisco 49ers
C. Kansas City Chiefs
D. Denver Broncos

45. What team was originally named the New York Titans?
A. New York Jets
B. New York Giants
C. Kansas City Chiefs
D. Tennessee Titans

46. Which NFL team features a helmet logo on only one side of their helmet?
A. Dolphins
B. Patriots
C. Steelers
D. Cowboys

47. What wide receiver caused a sensation his rookie season with a one-handed catch?
A. Odell Beckham Jr.
B. Randy Moss
C. Antonio Brown
D. Jerry Rice

48. What Motown singer tried out for the Detroit Lions in 1970?
A. Smokey Robinson
B. Lionel Richie
C. Stevie Wonder
D. Marvin Gaye

49. Who was the first professional quarterback to pass for 5,000 yards in a season?
A. Warren Moon
B. Peyton Manning
C. Tom Brady
D. Dan Marino

50. Which NFL team has played in both the AFC and NFC Championship Games?
A. Seahawks
B. Jaguars
C. 49ers
D. Cardinals

Solutions

Word Search Puzzles

Puzzle 1

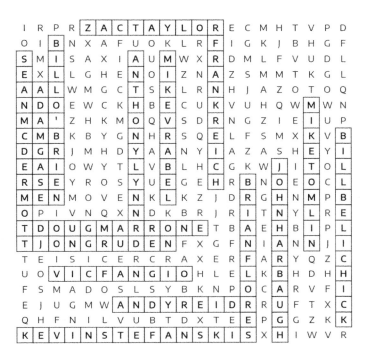

Puzzle 2

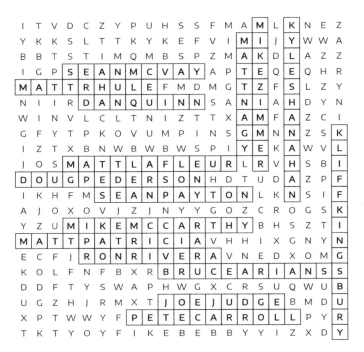

Puzzle 3

```
K Q R O O Y P F B I L L W A L S H M G M
T X Y A G C X B S X B M D U V C T W D W
Y V B I L L P A R C E L L S W P N E K Q
U T R W E O Z D N R G I W L I O A D S W
Z G E O R G E H A L A S P H V S L X D I
B C I G E O R G E A L L E N S F X S L N
J B Y I R A X P Z O A B Q T V Q S S N E
R V I D V T I B M N D O N S H U L A M W
Y I D Q F Y Z I J C J O H N M A D D E N
R N Y N P V H L E U J D W K L T E F U I
B C H M M D R L Z R B L S S C X M Z X D
Y E I A W R H B E L U P S F H D T T H G
U L X I R T C E K Y D A J U U P O H A R
X O R F R M B L A L G U O T C Z M N N H
S M L L Q H I K A R L E S K E L X K C
S B V X Q P G C Y M A B G J N G A V S R
O A I V P U Y H Q B N R I N O U N J T I
I R Y M Y G A I B E T O B O L Z D A R T
G D K V Q T A C T A I W B I L S R Y A S
D I B Q E N B K G U M N S A P G Y A M K
```

Puzzle 4

```
E D G T G H W V F M E P U P Z N Z M J I V Z W Q J H
B F N I M F G L Y I U W G S W Z W S N K Y X S X M X
X A K V F D J M O K H X Z F X G E Q B B U D D F U R
F G Y O Z W T L L E A P V O J Z N W T Y H M P T X T
T L M T I E G F U S A U O L H Q L R J K C Q B Q H V
W T H F F S N A U H Q U G A W V P M D K X R K U X S
L W C Q U E R U T A X L J E F F F I S H E R U Q T Q
L P W C U I E L L N B O D K Y L M V Z F X C I M H
M X V T F S V C X A A R P K D E Q E H C X W K X V W
J V G O B U G K L H Q O F K R V F S V F Y Z M S G J
V P V M Z B H W S A R W C X L C H U C K N O L L S I
U O R C E P G C V N C N U C B I U I L Q A X K P T H
Z V V O P G D X L G E O R G E H A L A S F D T Y U Z
B V W U G A V A V B I L L B E L I C H I C K O Y U J
L A A G A O H X Q T U C Y L P S V H X S A S M J H I
K I O H G U V Y Z Y G Y L Q N U D J G A D D L U X P
O K C L F R A B M P E M A O X D Z T G N O H A D T Q
F Z Q I W G L H C P E S M X K N V U B D X U N A L T
N W K N Y K Y M L H F K B P C C F S W Y V R D N P N
E M A R T Y S C H O T T E N H E I M E R P B R R N S
O K C F T L M I A P S W A P Y E Q V D E S B Y E C H
L Y S S A A N Y C H U I U N F X A G B I L I C E Q V
D B T Z P L B I L L P A R C E L L S T D W E L V X M
E D O N S H U L A E C O R B S O H D W S J G D E E J
C H U C K K N O X F R W W W K P V T N X P R O S J A
S O U C B C S M R G G S O N Y A H O Q H V Z L F K H
```

Puzzle 5

```
R  H  Z  Q  N  U  I  R  S  E  A  N  P  A  Y  T  O  N  U
Z  H  J  O  N  G  R  U  D  E  N  Q  F  A  G  Y  C  E  E
E  S  N  N  G  A  E  P  E  T  E  C  A  R  R  O  L  L  F
G  A  R  Y  K  U  B  I  A  K  I  E  K  D  G  T  J  H  M
I  X  B  K  E  M  I  K  E  D  I  T  K  A  H  V  O  H  I
S  R  R  S  F  B  A  F  B  W  Y  A  G  Z  K  H  X  K
J  M  I  K  E  M  C  C  A  R  T  H  Y  E  G  V  N  E  E
Q  X  A  B  X  F  Z  N  R  A  H  Q  L  B  Z  B  H  B  H
M  H  N  I  I  I  Y  F  R  T  A  K  I  P  E  J  A  D  O
I  H  B  L  J  E  K  P  Y  C  I  Z  O  Y  Q  K  R  R  L
K  K  I  L  U  E  X  V  S  I  Y  L  R  W  L  E  B  G  M
E  H  L  C  T  U  U  V  W  C  E  T  Y  T  M  T  A  O  G
T  G  L  O  D  I  B  V  I  A  P  T  J  S  T  A  U  A  R
O  U  I  W  F  R  E  U  T  S  G  V  A  V  H  J  G  M  E
M  X  C  H  L  E  W  Y  Z  W  B  J  D  Y  L  L  H  O  N
L  Y  K  E  Z  T  U  C  E  P  T  O  N  Y  D  U  N  G  Y
I  W  Z  R  J  T  P  X  R  C  A  T  V  H  X  O  N  C  X
N  Q  J  O  H  N  M  A  D  D  E  N  Z  D  B  Y  K  K  F
P  A  G  O  N  A  O  Y  D  I  C  K  V  E  R  M  E  I  L
```

Puzzle 6

```
T  O  M  L  A  N  D  R  Y  F  F  O  S  I  T  M  U  O  V  F
A  S  O  M  Z  M  N  E  C  R  B  T  D  P  F  B  G  C  U  U
U  B  O  U  V  K  E  Q  F  Y  R  O  C  C  I  G  B  A  C  B
U  Z  W  I  F  Y  Q  U  Z  J  G  M  Q  H  C  B  T  B  J  I
I  X  H  F  O  L  Y  I  F  O  E  C  V  U  W  I  Y  X  I  L
V  Z  I  K  B  H  O  B  G  E  H  O  G  C  I  L  P  C  M  L
X  D  D  J  S  H  H  I  E  G  U  U  D  K  I  L  Y  H  M  P
Y  C  E  C  V  L  I  L  O  I  L  G  X  N  H  W  H  G  Y  A
J  S  O  T  Q  D  B  L  R  B  Q  H  Z  O  U  A  A  C  J  R
Q  U  W  S  L  F  Z  B  G  B  J  L  O  L  A  L  R  O  O  C
X  H  G  S  D  O  W  E  E  S  G  I  G  L  K  S  O  L  H  E
F  Y  O  P  A  E  K  L  S  B  C  N  D  K  K  H  M  T  N  L
C  Q  H  I  M  X  K  I  E  T  O  M  F  L  O  R  E  S  S  L
R  J  R  I  I  F  H  C  I  E  P  H  R  J  O  H  D  D  O  S
C  P  M  N  L  A  S  H  F  D  O  N  S  H  U  L  A  Z  N  D
F  F  X  K  K  X  M  N  I  E  S  O  A  J  Z  Z  A  V  B  O
R  R  R  F  Q  X  X  C  R  L  R  B  L  A  K  U  J  R  M  B
V  E  T  L  R  M  L  K  T  V  V  Y  T  A  G  V  C  F  G  M  E
V  V  O  C  G  Y  V  I  N  C  E  L  O  M  B  A  R  D  I  V
O  B  U  N  U  H  M  I  K  E  S  H  A  N  A  H  A  N  Q  O
```

Puzzle 7

```
G M Q A I H F Z E F Q P E G Y O A U O O S
M P G K X C H A R L E S H A L E Y D E R H
E X R N A R O N N I E L O T T D M U B S F
F R A N C O H A R R I S T G B F A T P P D
A W T N V X I G L E H H E W M C T E V L B
D X P G U A K U G X D M D A L E T R T T P
A U F U P R V U D H O I H T T R M R U V T
M F Y V S X O X E A S K E O H I I Y E T S
V N P C D D D T H O K E N B D C L B M N A
I V W Z H T O O I J W D G Z W L R H M S
N B Q B R H J M H C G I R D L R E A C A N
A H O W D S B B Z R V L I D F I N D Q R L
T X Y A N A V R B W M S C P T G V S M V J
I E W N V S W A I D O O K F C H Q H B F J
E H N W Q J L D M O N N S H F T I A J L I
R G X J F Y H Y G V T W R I N P P W W E S
I A F H T O K E E N A T U R N E R M K M Z
B I L L R O M A N O W S K I I G B Z C I W
E T A F Q H Z G O W P J O E M O N T A N A
M I N C Y W N R S I H W J R E H X U Z G X
J E S S E S A P O L U V O H Q S F K B K Z
```

Puzzle 8

```
D B N E K J I D E R R I C K H E N R Y X H W T Z O
C F C L M E X E T B F R Z G M F Q F X E Z C E O B
S S N U F C B L Y Q G V W V A A R O N D O N A L D
X O P S C G H U V W W C R G P A Y Q S F A Z D H D
U X B C D D G L R B M C R O B D C W X N K E A C T
T H C V B A Y K W C P Y N A D E V D E D T U O R E
T L S G C H R I S T I A N M C C A F F R E Y G P V
I H E B C S U A D E A N D R E H O P K I N S Q Q V
K G H T D T J D D T G C H A N D L E R J O N E S D
B N V O O E Y L R Q E K C F V C F A F V X X A L A
N W J M X P E B E X N A J U L I O J O N E S B Z W
H J D B Z H R S W I L F R H Y Z C N I P M M N L J
N S D R R O F J B O Y M E X Y M R R G A M U R Y E
M Z P A L N I P R O S H X J N X Y Q E T H Y I L H
H G M D A G M P E H V R F K Z I W X O R P S A Z T
T Z R Y M I A K E Y M P X Y Z B H Z R I C X L Y K
C P K E A L V V S G P P R R H F V T G C L X E K Q
U L N J R M T E Y R U F X J D V B X E K R L R Y N
L M S G J O T O I Q F H A Y U E D E K M I G C G U
Z O H S A R G D V A C T I J V K R G I A O I A H V
I A M F C E I P H I H X J P H D E L T H Y M C V J
Q T F I K B O B B Y W A G N E R K P T O P B Z Q O
T U F X S M I C H A E L T H O M A S L M F I K L P
O U D S O I H D T I G M J Y M J X H E E N W S Q V
S N Y K N R U S S E L L W I L S O N U S F K D F J
```

Puzzle 9

```
K S T D N P X F O M V Z O U K I N C S N M J E K E V
Z G U E F V O S J I J Y G G W K G N R Q M K K M R T
S E B A S T I A N J A N I K O W S K I S C H S J V G
E L D Y N G V X M A T T B R Y A N T Y L Z R S E O K
G A O S T E P H E N G O S T K O W S K I Z J M Z V C
C N R K O H I G E D J Q W D Z H L A Y B I K V O V X
T E Y I R T V U X R Y I N O W K U T T W N O Z J Z I
V H I M M P C D I T L N V G E O R G E B L A N D A Q
J O H N C A R N E Y U O F E B I R S E C A M K N Y V
E E A W G L T M O E E R D E V T M K P D F O J Q X H
L L J P L O T R F T G M T Z K A E S H M T N A T M Z
M U O M U F X X K I Q J X B C D B T I M N X N K N S
O S H W M X T V Z M T O Q S N A U P L F T G E W K P
R U N A G H Y Q A K O H W P R M M Y D K P F Q P W J
T P K V A D R M B F Z N T R G V G I A Q H Y K J X A
E D A S R M O Y T J G S B W K I P X W Z G J X N S S
N S U Y T U N H T Q O M A X N F B S V M J K Z T O N
A N A S A X J T B U F N A R U A I Y O X Q A Z S X H
N D Y R N H D Z N E G Y T L L T P L N G C S T V C H
D I O G D A H V V Y T T Q B I U K P Y O X L Q A N S
E H T L E M W V X B M E S O C E J G Z A V N O H U N
R Z R W R U X X C P C B T C Q R N Y H H W E A A Q S
S B T F S O B K G L J F O O M I X B X T X L C T O O N
E G U P O M Q R Y U D A V I D A K E R S I A G E D N
N T N I N V N Z G C S C E T M R I G W A M M L O J
G D P H T G G V K N N G R F T S N T Q R H V J I O J
```

Puzzle 10

```
Y X K V H O O W B M V B R G Q P Y T Q Q N Z Z Z L
M H L Z M F F C D E D L B B O S R L T C D T F G E
N A T Y A E S G W T X A A E M M I T T S M I T H
G D J N R K I Y B U T D N J R U M Z Z W H J Q G S
S C R I S C A R T E R A T O X V R G L Z N W H I K
L X Z P H A F J N I Q I O R E X A H T V R C N K B
A O R E A B L G S X Z N N R A P C I P A A I Z Z B
R J G T L N R R M A I I I H M W Z R R D G W I O U
R I D T L V V Q M I A A O N D E L Y V R G A E S S
Y M P Z F C J R Y T F N G H Q H A C E I Y L B N L
F B E T A D J H H P Q T A L Y K A N D A G T I W H
I R T U U Z H B Y W M O T K N V S W D N N E V F Q
T O H W L P M V C V A M E W M R J Z Y P N R C V N
Z W I P K D B T U S H L S Y B Q E I B E C P X S B
G N X J O H N R I G G I N S T W R E I T K A O T W
E Y O T P U N F Q R J N V I B D R Y Z E Q Y J G R
R K R L N Y V W M Z V S R Q T I Y F R R Y T A P Q
A T Z Z T E R R E L L O W E N S R K R S V O N T D
L R P I D W H Q C L E N S F W D S I K O I N M C O
D W S F R A N D Y M O S S F K Y C B K N B J P H X
G W N I G J J U O G X B B Y P C E M S X J V I N I
M M A R V I N H A R R I S O N P J G U O U V X O A
J I T I Z K M G F P M W H J O W K C A B W Q S R P
G W R I U I I B N C Z U F H I O F H O P E W Z T M
U H I R R Z W D M A R C U S A L L E N T Q D D T M
```

Puzzle 11

```
T U E J B I Z A G W X V N U G G Z X Q K X L Y J B
O E O P A V C G A G T L L N T W Y L X S N F J G W
K N R U R H T Y R V O A D R I A N P E T E R S O N
P E G E R V R V N J N B L J E R O M E B E T T I S
I B S B Y V R V S E Y O F R A N K G O R E E I F X
S Q E J S M C F B M D F E J B F F W G N Y O T H E
O G F Z A B D M S M O Y R M D R E E A P O M D Z O
E I C P N P A T E I R L I C V A B K V K F D M S Q
D S D Z D P J X S T S A C G O N J C P J Z V H T Y
G B T T E J B X P T E D D U H C C R W I P X L F U
E V N K R G T P W S T A I U B O C U S M B E Q T A
R E I H S I M A P M T I C I J H H C D B K A Q S P
R T R U B X G E P I U N K L E A E U M R H H S S K
I C V O E Z B F N T N I E J U R Y R C O D C T C K
N I G D T K K P K H G A R E T R H T D W H C H K L
J U W T B F A W I H L N S F H I L I C N A N G I J
A L W A L T E R P A Y T O N Z S P S A A R C J H P
M G G I A J E Y E A P O N N P K P M Y J W E V I D
E E Y M F Q K K N F I M M A R S H A L L F A U L K
S Q L U N U S P B J L L P O H S B R G E P O J Z A
E Y T T L I W R H V M I H T Q L H T J W Z N K G J
Z G I A Z M O Q I D D N E O I N H I V F R A J U G
R P A P F H K A Y V F S P N I L F N E U X T C C I
R I M C O I J I E U Z O L O W Q F S K T W G D Z J
B J J C E M J K C V O N M A R C U S A L L E N X P
```

Puzzle 12

```
F E J D Z C V M B H S D E B Z Q B S Y M G S P F Z
P E H A O N V H J U H V T U O O D O S B W B J G B
U T M Q D A D R I A N P E T E R S O N Q F Q T Y Q
Y M A R S H A L L F A U L K I C E U Y R T V A G L
U E W Q V L L Q Q B J N W A L T E R P A Y T O N L
V R P C E L I B W R J I C R A R R X E L Y K Z L K
H I Q C C A Z X I R P Q E N J P D I A G X I G J U
F C Z U J D P W C U O J A E M Z A D B I V P W X R
Z D O R K A E F R A N C O H A R R I S I C J E N C
Y I D T M I H J Q H A Y B X L F N X J L I K C T H
E C E I X N N F Q T D A H X P Y Z T V K R R L J J
J K A S U I E A O C J E R O M E B E T T I S U I L
L E P M X A K N C V K N Z I Y J Q Y M V C S N M L
X R N A Z N C U L Y O L H E U O L P A B X Q G B Q
I S A R Y T F R Z R T D G G O H N R R A U H C R Y
S O Z T F O K P L U L X K E F N K I C R L V Y O L
E N T I D M B J R W I A U G I R N E U R H W E W G
E H H N D L C E Q V U L L L K I O S S Y P Q N I
J W E M M I T T S M I T H B P G Z T A S K W A R C
H P W H I N S B T P B H X B P G E H L A E H D U D
J C O U C S U M F F U U O Q N I Y O L N H H S E N
R O C M R O W G C U P G I Q T N Y L E D N V T B G
H I C U Q N K S A E X T A S X M N E R E M Y K Z
N H I E E S H A U N A L E X A N D E R R L N N K X
N R F W W C H R D V J L J Y V S S E S B O G M S
```

Puzzle 13

```
N W K F O W A U G U K D L N F J G D W R B N Y N
Z H Z F P F P V I A Q K X Q M O Q E Z E M J E L
A R P F H L T C D V H Y M S H H Y Y W X L S L S
A O Q A I U F F U U Q Z G Q N F I P D A E I S
R D G B L Y M A T T R Y A N L E J R W Q M Z M Y
O A Z T I O R L K L V P M Y H L K B E S W J A G
N N P X P T V T N L M L U L H W A F Y E H N N C
R M H J R O H M P Q G X E M B A X T F P R L N F
O A R U I Z B W B C Z M Z A J Y D F U R K B I X
D R I C V B E N R O E T H L I S B E R G E R N H
G I S L E E B P E Y T O N M A N N I N G R A G M
E N B W R X O F K I T V H T W A R R E N M O O N
R O Y A S V C K Z D R E W B R E E S L N A F R P
S L V Q M T H J K E E J G E H O X W K L J R F
B R E T T F A V R E Y S F V Z R H X N C L T R P
S P B T C F O R K T U U P F K P B X S H H O T W
G P Z S I G D T C I J A C A R S O N P A L M E R
P Y F S F R A N T A R K E N T O N V O O J B O I
L U N E Z U A M R K L F H R H Z J O T L K R I H
X W G Y B A B D D A Y K U S P B A E L P Y A V Y
F I R C U I D T V G L V K K W N J K L C G D S T
P S V Y Z N A Z U R D I D K D V D U E U X D Y X E
K R T V I N N Y T E S T A V E R D E O H M T G L
H D X O K K K Q W U A S X D U J X A K I X U O Y
```

Puzzle 14

```
X R R E K I L A J U V G S K W Z A D C P R
V O W D O F H K L E C G E K R I X A R F H
C N K R K T Q N G Z K N S U O E O R H L O
H N R E M D I C K L E B E A U Q R R E V W
A I Q E X B S O K E N R I L E Y R E N R K
R E C D R O D W O O D S O N I T V N D B H
L L G E U G E N E R O B I N S O N S X S U
E O R S Q O F Z K V Q J E E L E N H J W U
S T J K T B M V B T Y K M M X X P A M U M
W T O Q N O H I A W Z S L M G Y A R Z Z Q
O Z X T W B B Z T V Z C E I F W U P W O J
O N C N U O T H T S O F N T G T L E Q A G
D D A V E B R O W N K O T T M E K R T P O
S C B L D B E E C S T W U T C O R N M O S
O S E N I Y P M W B L N H E N A N C G E
N K U L C B R X O U B A N O E N U L F W B
G G P X K O Z M D X F D E M B O S S N P Z
S L K Z L Y B B W L V L A V S E H B P G
E Y M L A D Y I V F C C L S N E V C V E Z
H W I O N G N P N N Q K X S R Y C B C Z E
D Z V Q E R M E L B L O U N T H H H L W S Y
```

Puzzle 15

```
R M F R H E C L A W R E N C E T A Y L O R
S I Z B R U C E S M I T H J H I A J A X F
P C G Z Q O D W V K E V I N G R E E N E N
Q H B M Z R E G G I E W H I T E Y Z Y F V
Z A S W U I K J F I K J P Y W A H R A W T
V E L R P M V O D E L P C W F C U Q Q Y X
S L R F J U W H E J A S O N T A Y L O R S
Y S R I O E E N M B Z C L B R L U L N Z R
G T I P H Q Q R A B J H E A J C Y T N G K
H R C T N F Q A R K P R S Y U X C F P W W
G A H E A E L N C E O I L E L Q D L U F K
E H A C B V T D U V R S I H I S T E T A W
J A R D R M Q L S M D D E A U R R T S R H
M N D T A H S E W L X O O L S Y K U T A B
P Q D N H D K F A I W L ' D P G N R M Q Y
J W E H A Q Y Z R E G E N W E E O N V C M
E G N D M G M C E J W M E N P Z Q B J D H
O I T X J M T V P W Y A A L P C Y X B F E
B J J A R E D A L L E N L S E N P Y B U E
L Z G U J C D F A O G P I Q R M V F I L P
F T E R R E L L S U G G S O S R B M X T M
```

Puzzle 16

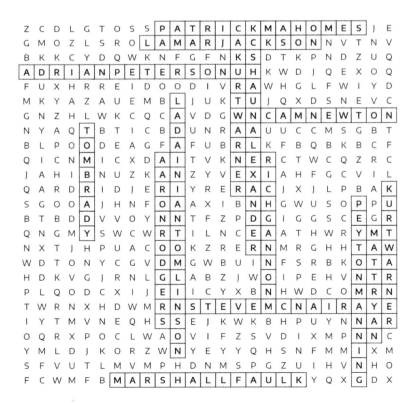

```
Z C D L G T O S S P A T R I C K M A H O M E S J E
G M O Z L S R O L A M A R J A C K S O N N V T N V
B K K C Y D Q W K N F G F N K S D T K P N D Z U Q
A D R I A N P E T E R S O N U H K W D J Q E X O Q
F U X H R R E I D O O D I V R A W H G L F W I Y D
M K Y A Z A U E M B L J U K T U J Q X D S N E V C
G N Z H L W K C Q C A V D G W N C A M N E W T O N
N Y A Q T B T I C B D U N R A A U U C C M S G B T
B L P O O D E A G F A F U B R L K F B Q B K B C F
Q I C N M I C X D A I T V K N E R C T W C Q Z R C
J A H I B N U Z K A N Z Y V E X I A H F G C V I L
Q A R D R I D J E R I Y R E R A C J X J L P B A K
S G O O A J H N F O A A X I B N H G W U S O P P U
B T B D V V V O Y N N T F Z P D G I G G S C E G R
Q N G M Y S W C W R T I L N C E A A T H W R Y M T
N X T J H P U A C O O K Z R E R N M R G H H T A W
W D T O N Y C G V D M G W B U I N F S R B K O T A
H D K V G J R N L G L A B Z J W O I P E H V N T R
P L Q O D C X I J E I I C Y X B N H W D C O M R N
T W R N X H D W M R N S T E V E M C N A I R A Y E
I Y T M V N E Q H S S E J K W K B H P U Y N N A R
O Q R X P O C L W A O V I F Z S V D I X M P N N C
Y M L D J K O R Z W N Y E Y Y Q H S N F M M I X M
S F V U T L M V M P H D N M S P G Z U I H V N H O
F C W M F B M A R S H A L L F A U L K Y Q X G D X
```

Puzzle 17

```
E R U V X K J C E U R N A I O S H N X M D H
S D R T Q B I N O F O P K R Q O N C Q A D D
J D K C J L M X C R C C I S H F R F S U H G
O L E Q S S M P A X E P M S G V F T J R S V
H Q Y R H M Y E J O H N M C K A Y J R I C E
N A A D D R H D K O N V C N A G T F R C R F
N U D E N S I M J Q L A Q Y K J L E O E Q X
Y D L V F H N P Q T N T U O I B J N C C D M
J M I C H A E L H A D D I X L J Q V K L X M
O Q H O Q Q S G S W A W L H I L B Y Y A L S
N B M O U E D E F S R E K U S L H I T R C P
E G U Y R U Z O L B V F E R M I H I H E X F
S T L E U J J C W T I R N N I Z D Y O T W I
L E L P S B E V F M F Y Y S T K G L M T I H
F D Y N T P X J U T P A K V H F N C P J N L
H G A N Y U L J Y L N N B K W P O V S W N N
Q R J N L K E V I N A L L E N C D I O V Z J
B E Z V I K W Y M O C E J Q D L M U N C Z H
W G X F S J B A B E L A U F E N B E R G R K
E O G S C X M Z T M N F N C O P D W F V N B
W R S W H J M J A M A R C U S R U S S E L L
S Y O S Q L Y R B O B T I M B E R L A K E W
```

Puzzle 18

```
E C C F I T D E N N I S E R I C K S O N D V
Z L N F J V E R T U Y D R C D N S Z U G O C
M A R T Y M O R N H I N W E G L J M R V F R
F H C J Y K L J D J U J H S Q A I J A Z G M
E F T N D G Q T C V H V O R A N M V Y R Q D
I X H P Q K G I M X D V B H F E Z H F J A
M M S T E V E S P U R R I E R K O D A T P V
L B I P O P G H R H W B H H F I R H N T I E
E O B Q H L Y S I L R L V Q L F N Y D I M C
S B N S E Y D B C B U L P N N F F K D L Y V A
S B Y D H R Q D H D P C E Y P I Z L E B G M
T Y Z T P Z M X K U H Y P T G N C W Y I H P
E P N X C O E R O D M A R I N E L L I L G O
C E Y X G G S H T M K U F T E Q P C A L O A
K T L M T A M L I D R W O B Z E O S E P Z C
E R S B V E O K T G D T W E P E K C O E Q L
L I T G Q J T M E D A V E S H U L A M T M X
C N G H H W U B U E L Z A U O K B J E E Q P
Q O D R Y J O S H M C D A N I E L S S R S Y
C H R I S P A L M E R C V S J H F M E S N F
I O T M Y A V R B F X U Y A F O P J W O M U
R I L K A G U Y L B K J X C K V H S U N F E
```

Puzzle 19

```
R D X H L E Z B E Y O N C U S V F Y X D D H J Q G
K V Y H X H I F H C A B R U N O M A R S B H G J S
U C N F C B N J Q Z G B F W Y M L Y E I O O Z T U
K Q U O P U S X Z J U N W I R M A I D K A I F H W
W J E N N I F E R L O P E Z E R D X H Z N E O E B
B M C J V Z M D P I I T H C P O Y X O N J F V B J
F H U L G U P O G N A C F U B M G F T I N P W L T
I T O F U A G F C Z U N Q B V A A G C C G L I A Y
M A X N F R C D P K Z U G M B D G O H K F M X C H
B Z E J R B N W A D V E G S P O A Z I I Y A C K H
J O K N Y T K F B W O B I D T N O T L M V R P E B
C S Q D S R R I L T J C E Q R N S X I I R O Q Y B
Q L Q P P C J N F Z I M R K P A Z P N E O W E T
K C P E C O K M X K E I U G U R R E A R N V D O
A W G Q S L X G H Z A D K H P L X W P J G 5 K P C
E D U C M D X N Z H O L F S O D S W P C G C Z E E
A K V R V P I C I R H M S H W R O T E X J Z C A E
O J Q P Y L A U N K Z I H A U A O Q R M Q T C S L
V T V X Z A F K X H E B I K Y N L X S W V A Z Q O
U X Z K W Y Z N X T Q F M I G Q X O V Q Z P C N G
S F D D O X F T N L F O S R X K D Q H N W M C N R
H N E B G W F A P W H Z N A G K A T Y P E R R Y E
E E J U S T I N T I M B E R L A K E C B R B F Q E
R V M O P E W D N W L M V D V D X N I P Y D E P N
H Y J J C H F T P G K G E G H N H L U O F K U T W
```

Puzzle 20

```
G G A H N D C T V C I P G Q O F B E Y O N C X
E Q Z S H A N I A T W A I N K F B R E G R A K
O F T B Y W O S C V H U F C D Q N R X J B P V
H D D J K H T P J P L K C L L T K U M R U I
K R K Y A R H E Q X I M V F O J M Z V E U I S
X B B O T K X V M S Y C S A Y A I J B P C U U
J S R Z Y Z T I B O M C W G A N C M F R E G M
S N Q U P N Y E E Q R A S I E E H C F I S M J
L P T O E F I W L K S R N Z R T A H M N P Z C
L H Q A R X S O Q L U T H U O J E M Z C R G W
K X P K R L U N Z L I N Z Q S A L P U E I I K
U G J Q Y 2 D D K U E Z Z M C J A S P N Z E
S J H B T P F E I X W Y I T I K A N M G G P A
W T V K V Y L R A O N Y B H T S C I P J S P F
A O U B G D Q W N T T S D P H O K Z A L T B K
M W R J D T H Q A T D Y T L S N S I H Z E M W
I Y H T G S W B R Z K X H L A B O V C Y E F M
H Z I K T V A O M H M L B H V N H I E N Z M
S G C O Y U E Z S T H E T E M P T A T I O N S
B I B B I R K U S W J E N N I F E R L O P E Z
T V C R E I N F H W W M H F H U P K N U N O M
R I C C C Z L R Q H R U O B C I I M D V W D B
F C X R U V Z C L I N T B L A C K R H O G T V
```

Puzzle 21

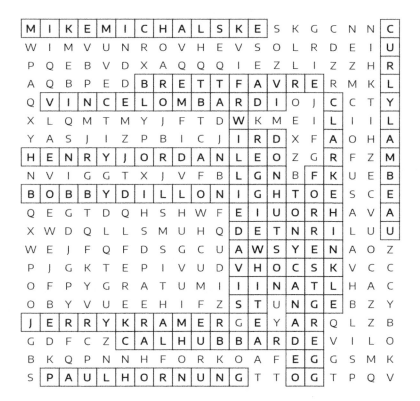

Puzzle 22

Puzzle 23

```
X S V J O H N S T A L L W O R T H I P A N H D M
H A T H M V J S A N R J Q H V J W H P R T C Y E
B P K X T R O Y P O L A M A L U S U C Z G B J L
D Z S N Q Q X C J J D F R A N C O H A R R I S B
X R Z Q D N B F T M V C W V S S Q J Q C Q I D L
X O L B D K J J A C K L A M B E R T Z W Z O T O
R N F J F O B G P J L L P G F H Q T A X F H X U
B F R Q S K I F A O O B X O B I V T C N I I Z N
E M M S I L E O J O E G R E E N E F S X B Q H T
N T I J B R J F G K H H Q Z E E B Z E A A U C G
R M K Y Y C M N A W Y Y Y E S S X W E B E V M D
O Z E X R K V U G U C N V L G W A J A C K H A M
E J W X U Z B F T C T D I A W A K I C M Z V Q E
T E E C J K Z M J Q G I Q W G R F S L V S Q F J
H R B C G L E N W F S U F L P D H F X N Z R Q M
L O S S P C P E O T J A M E S H A R R I S O N H
I M T W T Z T T C Q P Q N U K O P Q J A M B D D
S E E M Q A H X H P I M U W X F N Z A B G V Q U
B B R I W A M Y E H U W P I T G G S N W X I R P
E E S L G T H O L Y N N S W A N N V G N F L Q L
R T G P D E T E R R Y B R A D S H A W I I R T K
G T U W K D O Z B N F F H V R O D W O O D S O N
E I U A C Z Q P T B C K T E P L Q B O C M C R T
R S U A O V S V T X W P W R A J P B Z A R V O H
```

Puzzle 24

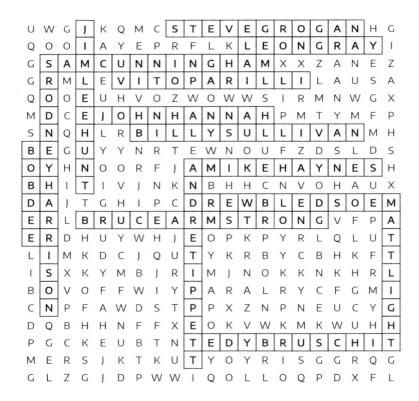

```
U W G J K Q M C S T E V E G R O G A N H G
Q O O I A Y E P R F L K L E O N G R A Y I
G S A M C U N N I N G H A M X X Z A N E Z
G R M L E V I T O P A R I L L I L A U S A
Q O O E U H V O Z W O W W S I R M N W G X
M D C E J O H N H A N N A H P M T Y M F P
S N Q H L R B I L L Y S U L L I V A N M H
B E G U Y Y N R T E W N O U F Z D S L D S
O Y H N O O R F J A M I K E H A Y N E S H
B H I T I V J N B H H C N V O H A U X
D A J T G H I P C D R E W B L E D S O E M
E R L B R U C E A R M S T R O N G V F P A
E R D H U Y W H J E O P K P Y R L Q L U T
L I M K D C J Q U T Y K R B Y C B H K F T
I S X K Y M B J R I M J N O K K N K H R L
B O V O F F W I Y P A R A L R Y C F G M I
C N P F A W D S P P X Z N P N E U C Y G
D Q B H H N F F X E O K V W K M K W U H H
P G C K E U B T N T E D Y B R U S C H I T
M E R S J K T K U T Y O Y R I S G G R Q G
G L Z G J D P W W I Q O L L O Q P D X F L
```

Puzzle 25

```
P B V P J F K V M J H D Y O E R P M S P U
E W X R Z A M M Y V E T L O Y Q S Z R Q L
M N M J T R K A F J P O S U K U J Y O B A
L C P G W I Y J S A M H U F F Z Z N S Z W
E O O Z O W B V Z N R R C T O M F W E P R
N M I C H A E L S T R A H A N D X M Y E E
T X A W R O C R P K G I Z U H Z X R B J N
U D K X C F A O T J B I M Y B O S H R T C
N H N M F O F R A N K G I F F O R D O A E
N S E X L O F T B L J N R M C A L X W U T
E Y X F X Q H S S I Z W I M C N T E N L A
L S X G E R A U J U U B R V G Q T T L G Y
L O H S C M R G O M Q T B G C S G N O L L
U B B M Q D R N F E H U M C R X P F X M O
O L Q X Z M Y B W U M A T O M Z U Z Z X R
M T E P L E C A N D Y R O B U S T E L L I
B F G Z Y L A F S W Z O N J X L U I K O M
M Q S A B H R T A E H Z K J C R J I F A N
R C N U X E S N Y Z E L I M A N N I N G
S N H Y G I O E P M X S Y X P N F F I D O
R Z M A D N N U W G B I W O X L Z K J C M
```

Puzzle 26

```
H O W I E L O N G G J N J J T F Q K F T
E K H E O X D Q P E A K B O D F B H J X
G J L S A L D A V I S D K H P L W K Z I
E U F G A M K Z Y K Z Y E N Y H V E P F
O P J B X D T P I W K G N M G A X R W U
R B T M R D L G J O X B S A H L L I T Q
G V Y Q Q R A E V V N I T D H C E C W N
E M D U T V H Z S Q I N A D O S W D D A
B R A N D Y M O S S P J B E X X G I A
L K U Z G Q Z R F R C E L N O I I C V
A Y P O J E R R Y R I C E H T N U K E J
N Q P M R F X K W L F X R U O A H E C
D O K J H P L B S K L J S G I U K R A
A D P C M T I M B R O W N F P W P S S T
C J A F E O O Y F B A R R W O O W O P
A J U H I P Z R O N M I X H Q V S N E
X R F X N I W B R O N W O L F G H A R C
O H U A A G X P G W A R R E N S A P P E
R A Y G U Y M Z U R S T T P R E M H P J
N J K R X Z K Z G E N E U P S H A W P P
```

Puzzle 27

```
I M H I P Q S N D N F Z K Z F O Z C S P E
J C Q Z X Z J Y W S U N S B T V N R T J T
I T H T X N Q O Z T V D W T J L W A E A D
T P E Z L M T O M J A C K S O N M N V X H
O E K W T Y C G H S N X W Z H J J D E H G
P Y T D L J O H N E L W A Y N U E Y A U T
F Y F F U H M I P L R T E S L D E G T G E
B S Z E Y X O N A N E V P H Y R T R W O R
C A E P L K B X T P D C Z A N G Z A A O R
X O J O H F I Q B W M K H N C E Q D T S E
N Y U N R F L O O Y I C Z N H R B I E E L
G R K A H L L J W E L H I O Z A B S R G L
W B H R M O Y B L G L A Z N C L O H T O D
M Y J P R Y T Y E M E M Y S A D U A A N A
A H M Y M D H Q N Q R P U H B P C R Q S V
S F D A D L O A D T T B E A U H C D V O I
G A R Y Z I M M E R M A N R A I J I F U S
K W M N A T P O J N N I J P N P W Y N L P
I Y X T V T S W O C C L R E M P R I N I U
W X W K C L O Q P P R E G R Y S M B E N K
P L M S X E N P H Y B Y O S T L N O T R E
```

Puzzle 28

```
X Z W E D M P W K F Q H S L D H A I C W
L E D P E D Y M E L R E N F R O G O A F
P M V T M S T W I T O N Y D O R S E T T
F M R X A K T D I S E L H P A Z U B S G
E I C O R G R O G E R S T A U B A C H J
S T S I C L G C M I C H A E L I R V I N
V T H Y U A O J M W O Z J O P T A U M C
P S H S S R T O N Y R O M O O J M M U H
U M N K W R D H N S N P G B W L V Z T U
M I H P A Y M C N H E Q R O H L M Q Y C
S T G X R A P X F G L B O B L I L L Y K
Z H Q R E L L V T R L M Q H J E J R S H
T Z P G A L X D P A G T V A H L D Z F O
Q O J R C E P J O B R P Q Y K Y T B O W
H D E I O N S A N D E R S E F L G B A L
B F M L P H D I A L E R B S J M S N V E
F X T S O I K I G J N D S E B P Z K B Y
R X T Y I V S Z Z T R O Y A I K M A N A
T H G E R V M Z C Y Q I F O U W J W J B
L N N W Y K D I R A N D Y W H I T E D F
```

Puzzle 29

```
X G J S S W N B J H O D N A X G K Y N J P M N H Y
I E D W A R D J D E B A R T O L O J R D I V P O E
E E R D C X T Q C S J R V J W M S T C M J D N K D
B Y B Q Q R C W K H N R H J D X V F R F S L A V I
Z T U U Q C F R E D D E A N K V I H P B Z F R Q N
V K Y U B H D S L T Z R O T S T E V E Y O U N G I
M E A B N A N P C I U B P A D S L H H K D P C U P
C Y T P T R L M O X H U G H M C E L H E N N Y U H
Z J I E O L P T Q B Y O L L X B P E L F N M H J A
Z D T N D E R O N N I E L O T T N J B C Y D L S
H J T S I S N M R W G A T E R R E L L O W E N S M
Y F L V V H Y W H C E O G T G I F J C W C P M G S
H B E M X A H T H M Y U V J I M M Y J O H N S O N
S I Q H Z L W F I Y B Q U V L C D K A N Q Q N R S
V L F R J E U Z D I F V D L E V A V X U Z I G F N
J L J L O Y Q M S B S R I O J V O I K A L A F X
F W P J E W Z E Y O E V W R N H E S W P I Y C L X
M A M R P K X Y B V S K E O O W A C P R R I M Y
D L I X E K Y P L S S G J E M A I T N H U D P C E
E S D K R H Q K C T X W U P E G L E V X S Z T H K
N H G Z R J I D C C Y S M U L D C C H Y Q R N P N
X A E S Y W Q W D L M S V I L V O P S M S Y U Z L
R V I V N E I S Q A I P R Q I B X T B B B F I S Z
J J I A N Q N P A I G X H B N J F D I K V T D E F
W T A Z Y X W T J R W M F B I J O E M O N T A N A
```

Puzzle 30

```
J D W I G H T S T E P H E N S O N Y I C G F X F W
I R P K F I V Q G E O R G E T R A F T O N I A H I
M K V Y P W U N H Z T M S J E Q B L D M X D V A O
R Y X L A S S F K J F Z J I M O T T O V C J O B U
I B Z E S S Y X K O J R L C F L Z M C Z V G J C D
N T W B K O K T X P I V Z R H Z K Y H Y S B F V E
G R O F U W X O X U I L X V Y C Q A W R Q X O B R
O S R V W O M U X T Z O F N M H M E V N X Z X P M
T B L P O U C L Y D E B U L L D O G T U R N E R O
V Z I V K R L R O M B M R L T E K I K K K H A R N
P S Q J I M L A N G E R N U T F S U S I Z X T R T
K N D W X F Q T M P H H X C Y R K K W U R V B P T
Q L J O F N N G A E R K I F A A R G H X S L L N I
I O R V W M A U O C T Q F B Q N A J P F L I J U D
W J B R J P V A M Y C G Y W F K T X J O P D J Y A
D A S X M N O M K H P R U I W G J C L P B Y L J W
F Z U Z Y I G F F B C V Y W F A Y T G U I D J Y S
F E P O Y O D E L A L N P R U T P U J M Y S M O
A Z Q S N G N W N C D Z I O Z S M E L H E I N Q N
J W L V L Q U Q Z Q M J O E U K X G A J F J G Q D
P Z U H E B E X F U K X P D M I K E W E B S T E R
C T M Y V U S D N S L L Q E M N H B O W H F K U F
F P U N V S I P U P H W Z D E O E V V N T G Z K J
X V H G U M U P O V V X C B B B H A C V T R E V Q
G D U H G H C I T I J U C I Y B T S H B N S A L R
```

Missing Vowels Puzzles

Puzzle 1

1973 Houston Oilers

2009 St. Louis Rams

1944 Chicago-Pittsburgh Carpets

1980 New Orleans Saints

1952 Dallas Texans

2008 Detroit Lions

1991 Indianapolis Colts

1981 Baltimore Colts

2007 Miami Dolphins

1942 Detroit Lions

1960 Dallas Cowboys

1996 New York Jets

1990 New England Patriots

1976 Tampa Bay Buccaneers

2001 Carolina Panthers

Puzzle 2

2009 New York Jets

1992 Buffalo Bills

1986 Washington Redskins

1997 Denver Broncos

2005 Carolina Panthers

1983 Seattle Seahawks

2007 New York Giants

2005 Pittsburgh Steelers

1975 Dallas Cowboys

2000 Baltimore Ravens

1985 New England Patriots

1996 Jacksonville Jaguars

1980 Oakland Raiders

1999 Tennessee Titans

2008 Philadelphia Eagles

Puzzle 3

2000 St. Louis Rams vs. Tennessee Titans

1988 Cleveland Browns vs. Denver Broncos

1975 Dallas Cowboys vs. Minnesota Vikings

1958 Baltimore Colts vs. New York Giants

2008 New York Giants vs. New England Patriots.

1991 Buffalo Bills vs. New York Giants

1977 Oakland Raiders vs. Baltimore Colts

1971 Miami Dolphins vs. Kansas City Chiefs

1972 Oakland Raiders vs. Pittsburgh Steelers

1982 Dallas Cowboys vs. San Francisco 49ers

1993 Houston Oilers vs. Buffalo Bills

1967 Dallas Cowboys vs. Green Bay Packers

2002 Oakland Raiders vs. New England Patriots

1987 Denver Broncos vs. Cleveland Browns

1982 San Diego Chargers vs. Miami Dolphins

Puzzle 4

1989 49ers vs. Bengals

1979 Steelers vs. Cowboys

2009 Cardinals vs. Steelers

2015 Seahawks vs. Patriots

2017 Falcons vs. Patriots

1969 Colts vs. Jets

2000 Rams vs. Titans

2008 Patriots vs. Giants

1991 Giants vs. Bills

2002 Patriots vs. Rams

Puzzle 5

Jerry Kramer

Gene Upshaw

Joe DeLamielleure

Randall McDaniel

Steve Hutchinson

John Hannah

Russ Grimm

Larry Allen

Mike Munchak

Tom Mack

Puzzle 6

Mike McGlinchey

Terron Armstead

Anthony Castonzo

Taylor Lewan

Orlando Brown Jr.

Trent Brown

Mitchell Schwartz

Lane Johnson

Lael Collins

Ronnie Stanley

Laremy Tunsil

David Bakhtiari

Tyron Smith

Trent Williams

Ryan Ramczyk

Puzzle 7

Jimmy Garoppolo

Tom Brady

Drew Brees

Deshaun Watson

Aaron Rodgers

Carson Wentz

Lamar Jackson

Russell Wilson

Ryan Tannehill

Cam Newton

Kirk Cousins

Patrick Mahomes

Dak Prescott

Matt Ryan

Matthew Stafford

Puzzle 8

Tony Dorsett

Marshall Faulk

LaDainian Tomlinson

Adrian Peterson

Emmitt Smith

Walter Payton

Eric Dickerson

Barry Sanders

Jim Brown

Franco Harris

Puzzle 9

Mike Evans	Keenan Allen
Julio Jones	Davante Adams
Amari Cooper	D.J. Moore
Allen Robinson	Tyreek Hill
DeAndre Hopkins	Michael Thomas
Courtland Sutton	Chris Godwin
A.J. Brown	Tyler Lockett
DeVante Parker	

Puzzle 10

Jared Cook	Darren Waller
Hunter Henry	Travis Kelce
Austin Hooper	Rob Gronkowski
George Kittle	Tyler Higbee
Mark Andrews	Zach Ertz

Puzzle 11

Aaron Donald

D.J. Reader

Geno Atkins

Chris Jones

Matt Ioannidis

Jurrell Casey

Kawann Short

Fletcher Cox

Cameron Heyward

Damon Snacks Harrison

Javon Hargrave

Kenny Clark

DeForest Buckner

Akiem Hicks

Grady Jarrett

Puzzle 12

Cory Littleton

Jaylon Smith

Deion Jones

Fred Warner

Eric Kendricks

Demario Davis

Darius Leonard

Bobby Wagner

Lavonte David

Jamie Collins Sr.

Puzzle 13

Stephon Gilmore

Casey Hayward Jr.

Tre'Davious White

Jason McCourty

J.C. Jackson

Denzel Ward

Richard Sherman

Byron Jones

Darius Slay

Marcus Peters

Puzzle 14

Xavier Woods

Marcus Williams

Anthony Harris

Minkah Fitzpatrick

Devin McCourty

Earl Thomas III

Kevin Byard

Justin Simmons

Eddie Jackson

Harrison Smith

Puzzle 15

K'Waun Williams

Nickell Robey-Coleman

Mackensie Alexander

Chris Harris Jr.

D.J. Hayden

Malcolm Jenkins

Brian Poole

C.J. Gardner-Johnson

Tyrann Mathieu

Tramon Williams

Word Scrambles Puzzles

Puzzle 1

osnoeTxau Hnst = Houston Texans

nelAoggsrerhaL se Cs = Los Angeles Chargers

Esol dPte Nwgirtnana = New England Patriots

T tnsTseeasneien = Tennessee Titans

Cisi KaCeat shsynf = Kansas City Chiefs

Ctsnnlaaoipsild ol = Indianapolis Colts

nallwCrvBeendso = Cleveland Browns

lalBBsol fuif = Buffalo Bills

ie raVsseRadsLag = Las Vegas Raiders

gBnitc nCieansilan = Cincinnati Bengals

n esBcnoovrreD = Denver Broncos

eNeks YJ rtwo = New York Jets

racuaJeli Jkslgasvon = Jacksonville Jaguars

evnmsBeraoRailt = Baltimore Ravens

ttSu eelisebrPsrtgh = Pittsburgh Steelers

iiimMoashpnD l = Miami Dolphins

Puzzle 2

tushigrtPb = Pittsburgh

cdhaPrrOrak = Orchard Park

sCsiaKa ynt = Kansas City

ecnalkJsoliv = Jacksonville

iltaermBo = Baltimore

Cninintaci = Cincinnati

Fohboroxug = Foxborough

iNvshelal = Nashville

sdaariPe = Paradise

Mdmn ieisarGa = Miami Gardens

slalnidnoiap = Indianapolis

levndaeCl = Cleveland

osonuHt = Houston

reneDv = Denver

lgdenwloo = Inglewood

s dEhftrauetoRr = East Rutherford

Puzzle 3

R mNGiaudSt = NRG Stadium

Altgelani = Allegiant

FSio = SoFi

slBil = Bills

alBFeiAlknATd = TIAA Bank Field

Hezleidn Fi = Heinz Field

tGitllee = Gillette

oaPrBu wnl = Paul Brown

kBTaMn = MT Bank

awdehroAr = Arrowhead

tnyEigresrF = FirstEnergy

r aHdkRco = Hard Rock

asNsni = Nissan

MHe gilhi = Mile High

MitfeeL = MetLife

sOLaiclu = Lucas Oil

Puzzle 4

giosnkV nniMisaet	=	Minnesota Vikings
i CzroAndranaalsi	=	Arizona Cardinals
tSewkaeaas tSelh	=	Seattle Seahawks
dieaaeila lEhsplPgh	=	Philadelphia Eagles
rne Basky crGeePa	=	Green Bay Packers
raPCelr nhnaasiot	=	Carolina Panthers
sD eirtonLito	=	Detroit Lions
GotnYsir eN akw	=	New York Giants

Bchg Csaieroa	=	Chicago Bears
srsilS wtONe aaenn	=	New Orleans Saints
Fo nsai9Srs cenca4r	=	San Francisco 49ers
TueerBmynca a sBacpa	=	Tampa Bay Buccaneers
ClyaDsbaoslwo	=	Dallas Cowboys
n eeo lsLaRssgmA	=	Los Angeles Rams
tclna anAFsltoa	=	Atlanta Falcons
g lentoTWohaam niablotsF	=	Washington Football Team

Puzzle 5

aTpam	=	Tampa
nointrgAl	=	Arlington
troeiDt	=	Detroit
rnGe eyBa	=	Green Bay
arnat aCaSl	=	Santa Clara
nvdeLaor	=	Landover
sfhdaRrr ouEtet	=	East Rutherford
pedllPaihahi	=	Philadelphia

aetthorCl	=	Charlotte
aGedelnl	=	Glendale
wrenOsl aNe	=	New Orleans
aettlSe	=	Seattle
tAlnata	=	Atlanta
llowgedno	=	Inglewood
hioagCc	=	Chicago
nopiseainlM	=	Minneapolis

Puzzle 6

eMteLif	=	MetLife
onnnccd iLaiialinFel lF	=	Lincoln Financial Field
S.k BaUn.	=	U.S. Bank
m iBoceranka fA	=	Bank of America
eL'isv	=	Levi's
oeRasJammnyd	=	Raymond James
FdiEFdxlee	=	FedExField
luaibeFad emL	=	Lambeau Field

-zree seconeeBmpMSdeurd	=	Mercedes-Benz Superdome
d ldFFoeir	=	Ford Field
ta erSFmta	=	State Farm
oFiS	=	SoFi
seezreeMncB-d	=	Mercedes-Benz
inedkylC FtruniLe	=	CenturyLink Field
TTA	=	ATT
F eelSdoiirdl	=	Soldier Field

Puzzle 7

itlhbsrutgeeerPst S	=	Pittsburgh Steelers
h oirBsceCgaa	=	Chicago Bears
snoreBcDnorev	=	Denver Broncos
ainsis eVkMgntoni	=	Minnesota Vikings
iNlard tewE agotPnns	=	New England Patriots
hansip liomDMi	=	Miami Dolphins
s 4scF 9renianarocS	=	San Francisco 49ers
ktaGiesYr Nwno	=	New York Giants

sa PryrkBean eGce	=	Green Bay Packers
R Lsseraea aidgVs	=	Las Vegas Raiders
lSktheewa taaseS	=	Seattle Seahawks
flf ulBsaoBil	=	Buffalo Bills
oainem evBasrRlt	=	Baltimore Ravens
bosoaDa Cwysll	=	Dallas Cowboys
otgnFhlaT Wo ebasonliatm	=	Washington Football Team

Puzzle 8

seoA asmgLR senl = Los Angeles Rams

J rYtkoeNswe = New York Jets

xaT usHnetsono = Houston Texans

eriLsd gaRs Veaas = Las Vegas Raiders

cagrCBahieos = Chicago Bears

olteihnFo s ntgaWolaTbma = Washington Football Team

Faseicans Sorn 4rc9 = San Francisco 49ers

Naokre GwYints = New York Giants

nrsBcDoe oevrn = Denver Broncos

g sEottl irennaawdNP = New England Patriots

wkesteeStahl Saa = Seattle Seahawks

ltt shtgsePuiSrereb = Pittsburgh Steelers

kaPsneare BGerc y = Green Bay Packers

ieaPglaEshipelhal d = Philadelphia Eagles

aobyCoasDlslw = Dallas Cowboys

Puzzle 9

gossenitn ViiaMkn = Minnesota Vikings

aYwG rikN teson = New York Giants

antrisowNdt gEeal Pn = New England Patriots

itseCa nCiyaKssh f = Kansas City Chiefs

seronvnr ceDBo = Denver Broncos

lmBoetR veasrian = Baltimore Ravens

9ania4rSF ocesnrcs = San Francisco 49ers

aaekecry eGr PBns = Green Bay Packers

lDsobo yasClaw = Dallas Cowboys

miipMonash liD = Miami Dolphins

rteulr eSPbesittghs = Pittsburgh Steelers

seiRaLse r saVagd = Las Vegas Raiders

saoldontiapC lilsn = Indianapolis Colts

sr aCcBoghaie = Chicago Bears

elatketashweSSa = Seattle Seahawks

Puzzle 10

eroBta iRsnelavm = Baltimore Ravens

sw e inakYrGtNo = New York Giants

atgsEdtnrNi oPaw nle = New England Patriots

ftCias CeasyiKsnh = Kansas City Chiefs

sineanhdnoWtssiRkg = Washington Redskins

bstirtelrshtPue eSg = Pittsburgh Steelers

aMlisDnhim opi = Miami Dolphins

see RagdssLaVra i = Las Vegas Raiders

en ePBya cserarkG = Green Bay Packers

plonsatoiisl nCadl = Indianapolis Colts

i asernnF4raS9csoc = San Francisco 49ers

rn DsecovoBenr = Denver Broncos

yoboD alslwCsa = Dallas Cowboys

Puzzle 11

azlsArdCnnioraai = Arizona Cardinals

cTaeamaeyBn asrcBu p = Tampa Bay Buccaneers

NJer ws Yeotk = New York Jets

TaTneenisesets n = Tennessee Titans

eCnntlicBsa gianin = Cincinnati Bengals

santahraniel orCP = Carolina Panthers

naN nweSteirlasOs = New Orleans Saints

osare CiBgach = Chicago Bears

uofiB llfslaB = Buffalo Bills

dalaEglhPilee ihpas = Philadelphia Eagles

agssoLenRl sem A = Los Angeles Rams

tteaaelwk aSshSe = Seattle Seahawks

aiVsnMins gnoetki = Minnesota Vikings

coFAtlaasltann = Atlanta Falcons

eer shagegnoLrsAsC l = Los Angeles Chargers

Puzzle 12

PutteihrbesSs glret	=	Pittsburgh Steelers
takSatwh laeseSe	=	Seattle Seahawks
nrc nDeeBoorvs	=	Denver Broncos
anta iewlEsgotPrndN	=	New England Patriots
rea4caSc sornFsin9	=	San Francisco 49ers
Pes aenky carreBG	=	Green Bay Packers

hDliini aompMs	=	Miami Dolphins
ffsaoBllBlui	=	Buffalo Bills
aCboaoDswllsy	=	Dallas Cowboys
snndskaoe RtWigsnhi	=	Washington Redskins
nkig tMVinosaeisn	=	Minnesota Vikings

Puzzle 13

dnGaleel	=	Glendale
ltAnaat	=	Atlanta
Dain eSog	=	San Diego
mpTaa	=	Tampa
Nlresne aOw	=	New Orleans
nosHout	=	Houston

imMia	=	Miami
lesAgnosLe	=	Los Angeles
itroDte	=	Detroit
ieilspannoM	=	Minneapolis
aandaseP	=	Pasadena

Puzzle 14

RH cakdor = Hard Rock

lBgneOoarw = Orange Bowl

RsleBo ow = Rose Bowl

iLef = Life

rtF etaamS = State Farm

leanuT = Tulane

osael iCll eegsMiusrone omLmA = Los Angeles Memorial Coliseum

emDoieragoG = Georgia Dome

Tpmaa = Tampa

o RmaaesnmyJd = Raymond James

utamSGiNdR = NRG Stadium

CDSSUtdiCmua = SDCCU Stadium

Puzzle 15

iPveont domlaircSe = Pontiac Silverdome

ttodum.rrHhe bHMeHupe ro emy = Hubert H. Humphrey Metrodome

ieftMeL = MetLife

dAitT SmauT = ATT Stadium

viSeDunl = Sun Devil

lBi enlk FdaTAA = TIAA Bank Field

kB.a.SUn = U.S. Bank

-MdesBreeeznc = Mercedes-Benz

iLe'sv = Levi's

dfotSanr = Stanford

icRe = Rice

ilasLOcu = Lucas Oil

oFiS = SoFi

F lFdedior = Ford Field

Trivia Questions

1.A	16. B	31. B	46. C
2.A	17. A	32. D	47. A
3.D	18. C	33. D	48. D
4.B	19. C	34. D	49. C
5.B	20. B	35. D	50. A
6.A	21. A	36. D	
7.B	22. A	37. B	
8.B	23. C	38. C	
9.D	24. B	39. D	
10. C	25. D	40. C	
11. D	26. C	41. A	
12. A	27. A	42. D	
13. C	28. C	43. D	
14. A	29. C	44. C	
15. C	30. C	45. A	

Printed in Great Britain
by Amazon